Lindenau

Lützner Straße, links Nr. 86 (Fußweg abgesperrt), 2006

Lothar Kurth

Lindenau

Erlebnisse in Kinder- und Jugendjahren

PRO LEIPZIG 2023

INHALT

VORWORT

In den zurückliegenden rund 30 Jahren ist eine Vielzahl an Publikationen über Lindenau von seinen historischen Wurzeln mit der Schenkung des Landstrichs westlich der Weißen Elster 1021 durch Kaiser Heinrich II an den Bischof Thietmar von Merseburg über die Jahrhunderte bis in die unmittelbare Gegenwart erschienen.

Es ist schon bemerkenswert, wie viel Text- und Bildmaterial durch zahlreiche Historiker, Hobbyheimatkundler, Autoren etc. in zeitaufwändiger Recherche als Schätze gehoben wurde und den heimatverbundenen Zeitgenossen in wissensvermittelnder Art – in analoger sowie digitaler Form – abgefasst wurde und wird und somit ständig verfügbar ist.

In vielen Leipziger Ortsteilen gibt es historisch sehr engagierte Personen sowie Heimat- und Bürgervereine, die sich ständig um die Ergründung geschichtlicher Details bemühen und ihre Erkenntnisse der Öffentlichkeit in Form von Ausstellungen, Vorträgen, Druckerzeugnisse usw. sehr anschaulich darbieten.

Eine Komponente in der Erforschung ist das Alltagsleben in den Ansiedlungen, besonders derer, die man als die kleinen Leute bezeichnen kann. Denn sie haben in all den Jahrhunderten selbst meist keine sichtbaren oder dokumentierten Fußabdrücke hinterlassen, gegenüber den Hochherrschaftlichen.

Gerade die tagtägliche Erlebniswelt von Kindern und Jugendlichen mit ihren für Erwachsene oftmals nebensächlichen Begebenheiten findet man in den Annalen bislang nicht sonderlich beschrieben. Sicher ist nur, dass Heranwachsende in den vergangenen Jahrhunderten gänzlich andere Gewohnheiten und Betätigungsmöglichkeiten hatten als jene im 21. Jahrhundert. Einige Episoden aus der Mitte des 20. Jahrhunderts habe ich zusammengetragen und vielleicht erkennt sich der eine oder andere in mancher der Anekdoten wieder oder hat Ähnliches erlebt.

Schon einige Jahre arbeitete es in mir, derartige Begebenheiten einmal schriftlich festzuhalten, da doch viele recht amüsant sind und für heutige Kinder und Jugendliche schon als recht abartig daherkommen mögen. Ich erinnere mich noch gern an diese schönen und erlebnisreichen Zeiten und bei Gesprächen mit Freunden von damals, werden die Geschichten wieder so richtig lebendig. Deshalb raffte ich mich nun auf, mittlerweile im Rentnerstatus, die wunderbaren und unbeschwerten Jahrzehnte im Kinder- und Jugendlichenalter in meiner Heimat aus dem Vergessen zu hieven, um Interessierte an den Ereignissen in diesem Zeitfenster teilhaben zu lassen. Danken möchte ich an dieser Stelle meiner Frau Elke und dem Historiker Rainer Müller, Leiter des Lindenauer Stadtteilvereins. Beide haben mich dazu inspiriert.

Lothar Kurth

MEINE ERSTEN SECHS LEBENSJAHRE IN MEYERSDORF

Im frostigen Februar 1954 kam ich auf diese Welt und verlebte bis Ende November 1959 meine ersten Jahre des Daseins in den Meyerschen Häusern in Kleinzschocher. Diese Siedlung lag damals fernab der großstädtischen Bebauung. Das Umfeld hatte schon ländlichen Charakter. Eingerahmt war Meyersdorf, das zwischen 1908 und 1935 in zwei Bauabschnitten entstand, durch die Eisenbahnstrecke vom Bahnhof Leipzig-Plagwitz nach Pörsten, die Siedlung Grünau, die Kleingartenanlagen „Immergrün", „Neuedelweiss", „Gartenfreunde", „Parkfrieden" und „Neu-Brasilien" sowie die Zeitzer Eisenbahntrasse. In der Nähe liegt der Robert-Koch-Park, der von Rudolph Sack 1877 als eine 13 ha große landwirtschaftliche Versuchsstation angelegt wurde mit vierreihiger Allee als Zufahrt zum Anwesen von der Lützner Straße her, die heute durch die Errichtung des Neubaugebietes Grünau in den 1970er Jahren von einer S-Bahn-Trasse durchschnitten ist.

Mit meiner Kindergartengruppe sind wir in dieser Allee oft spazieren gewesen, denn der Kindergarten befand sich in einem Seitenflügel der 55. Polytech-

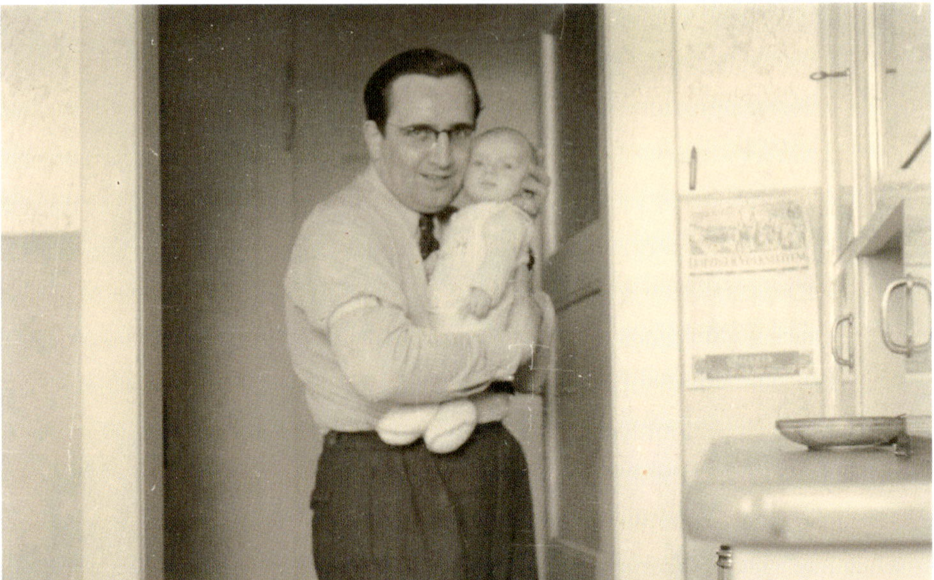

Mein Vater mit seinem elf Wochen alten Sprössling, 1954

nischen Oberschule und von hier aus waren es nur einige Schritte bis in den Robert-Koch-Park. Als kleiner Bub beeindruckte mich die Weitläufigkeit meiner kleinen Heimat mit den Wiesen, Feldern, Kleingartenanlagen und der Eisenbahn.

Morgens brachte mich meine Mutti in den Kindergarten, ehe sie zu ihrer Arbeit, dem Institut für Landmaschinen- und Traktorenbau neben der Maschinenbauschule an der Pörstener Bahnstrecke, weiterging. Von der Eingangspforte an der Ratzelstraße winkte ich ihr noch lange hinterher.

An der Endstelle der Straßenbahnlinen 1 und 9 in der Ratzelstraße war der KONSUM die einzige größere Einkaufsmöglichkeit, deshalb gingen wir öfters nach Kleinzschocher über die Fußgängerbrücke über das Gleisnetz der Deutschen Reichsbahn, vorbei am Friedhof, die Schwartzestraße entlang bis zur damaligen Straße des Komsomol, heute Dieskaustraße.

Auf der Fußgängerbrücke brauchte meine Mutti oft Geduld mit mir, denn hier war der Abrollberg der Eisenbahn und das war höllisch interessant für einen kleinen Jungen. Die aneinander gekoppelten Güterwaggons wurden hier von den Bahnbeschäftigten getrennt und rollten einzeln in Richtung Bahnhof Plagwitz weiter. Diese Arbeit war höchst gefährlich. Dazu war eine eingespielte Truppe notwendig. Während der gesamte Wagenzug langsam auf den Abrollberg zufuhr, wurde der letzte Waggon von einem der Eisenbahner mit einer langen Stange vom nächsten Waggon abgehebelt, ein Weiterer legte auf einer Schiene des Gleises einen Bremsschuh, damit der einzelne Waggon nicht zu viel Fahrt bekam. Bei der Abbremsung sprühten die Funken. Gleichzeitig mussten die Arbeiter die Weichen stellen, denn jeder der Waggons kam auf einen vorher festgelegten Strang der Gleisharfe am Plagwitzer Bahnhof.

Mit der Holzeisenbahn im Kindergarten, 1957

Genauso interessierte mich als Knirps das Rangieren der Straßenbahn an der Endstelle. Kamen die Wagenzüge der Linien 1 und 9 aus der Stadt in der Ratzelstraße an, stiegen alle aus. In Meyersdorf gab es

Spaziergang mit Mutti an der Bahnlinie nach Pörsten, 1956

keine Wendeschleife. Der Triebwagen mit seinen beiden Anhängern musste deshalb retour in den Abzweig in der Hermann-Meyer-Straße zurückstoßen. Der Schaffner sicherte auf der Straße das Manöver ab, damit es zu keinem Zusammenstoß mit einem, damals noch seltenen, PKW kam. Nun bugsierte der Straßenbahnfahrer den Wagenzug langsam über die Weiche zur Abfahrtsstelle in der Hermann-Meyer-Straße. In der Nr. 10 wohnten meine Eltern und ich. Zwischen der Nr. 10 und der Nr. 8 ist eine Einfahrt in den großen Innenhofbereich und von dieser Stelle aus beobachtete ich immer gedankenversunken das Procedere.

Die Innenhöfe der Gesamtanlage waren großzügig gestaltet mit vielen Bäumen, Grünflächen und auch Spielmöglichkeiten für den Nachwuchs. Von der Hauseingangstür bis zum Sandkasten hatte ich nur ein paar Schritte. Mit Ei-

Abfahrtsstelle der Straßenbahn der Linie 1 in der Hermann-Meyer-Straße, 1957

In „meinem" Sandkasten, 1956

merchen und Schaufel zog es mich aus dem 4. Obergeschoss zu den anderen Kindern aller Altersgruppen.

Wir waren eine recht große Kinderschar in Meyersdorf. Wenn ich von meiner Mutti oder von meinem Vater gerufen wurde, packte ich meine Siebensachen im Sandkasten zusammen und ging nach oben. Im 2. Obergeschoss wohnte eine ältere Frau. Wenn ich ihr angesichtig wurde, begannen die Märchen zu leben. Deshalb machte ich immer einen großen Bogen um sie entlang der Treppenhauswand, wenn ich ihr begegnete und sie zu mir sagte: „Na, mein Kleiner." Da wurden meine kleinen Füße um so schneller, man hatte ja Kondition, wenn man im 4. Obergeschoss lebte. Die alte Dame sagte einmal zu meiner Mutti, dass ich sehr wenig spräche. Tja, wenn sie gewusst hätte, dass ich Knirps sie als Gegenspieler von Hänsel und Gretel betrachtete.

Unterhalb unseres Wohnhauses auf der straßenseitigen Wiese gegenüber dem Rondell pflückte ich für meine Mutti regelmäßig Gänse- und Butterblumen in einem kleinen Sträußchen. Aber schon nach dem Hochtragen bis nach oben ließen die Blümchen ihre Köpfe hängen. Meine Mutti lächelte und strich mir über den Kopf.

Badetag in der Zinkwanne in der Küche, 1958

In der „Technik-Ecke" des Wohnzimmers, 1957

Wenn Mutti in der Küche zu tun hatte, war ich in ihrer Nähe. Neben der Abstellkammer stand mein kleines Schaukelpferd und ich wippte ausgelassen, denn ich hatte immer weite Reisen vor mir, so die kindliche Phantasie.

Als ich vier Jahre alt war – so kann ich mich noch erinnern – lagen auf dem Küchentisch regelmäßig kleine „Papierschnipsel", die eine sehr wichtige Bedeutung haben mussten. Es waren die Bezugsmarken für Lebensmittel. Anschauen durfte ich diese, nur nicht damit spielen.

Als einzige Mieter wohnten wir im 4. Obergeschoss. Neben uns war nur noch der große Trockenboden – für uns in dem Fall günstig fürs Aufhängen der Wäsche. Jedoch war dies besonders in den Sommermonaten beim Herannahen eines Gewitters eine ganz besondere Konstellation und erzeugte ein Trauma bei meiner Mutti. Sobald die Front über den Meyerschen Häusern stand, verdrückte sie sich in den kleinen Korridor neben der Gasuhr und wartete ab, bis das Naturereignis weitergezogen war. Ich saß aber, interessiert an dem Geschehen, auf der breiten Fensterbank im Wohnzimmer und betrachtete gebannt die sich am dunklen Himmel abzeichnenden Blitze und die Lichterscheinungen. Sekunden nach dem Aufleuchten rollte der Donner. Durch die dafür geeignete Akustik des Trockenbodens verstärkte sich das Gepolter zusätzlich, so als ob ein D-Zug durch die Wohnung ratterte. Erleichtert und noch etwas bleich ging meine Mutti nach den Unwettern wieder zum normalen Tagesablauf über.

Einmal – an einem Nachmittag – besuchten meine Mutti und ich eine Arbeitskollegin von ihr in der Siedlung Grünau. Auf dem Hinweg entlang der Bahnstrecke nach Pörsten erzählte ich ihr von meinen Erlebnissen am Tag im Kindergarten. Wir blieben vielleicht eine Stunde und traten dann den Rückweg an. Inzwischen war es schon stockdunkel geworden, auch auf dem Weg parallel zur Eisenbahntrasse, auf dem Telegrafenmasten in regelmäßigen Abständen für die Führung der Leitungen gesetzt waren. An diesem Abend war ein recht lebhafter Wind und die Leitungen gaben spukhafte Geräusche von sich, mal leiser und mal lauter. Es klang oft schauererregend und ich guckte ängstlich um mich, als ob bald die Geister herannahten. Meine Mutti fragte mich, was mit mir wäre, weil ich keinen Muckston von mir gab. Endlich erreichten wir die Schönauer Straße und das Licht der Straßenlampen und die seltsamen, gruseligen Geräusche waren auf einmal verschwunden. Da ging mein kleines Mundwerk wieder los mit der Bemerkung „Jetzt ist es vorbei“. Da wusste meine Mutti, warum die ansonsten kleine Schnattertasche so still war.

Nahte die Adventszeit, wurden wir als Kinder hippelig. Sowohl beim Institut für Landmaschinen- und Traktorenbau meiner Mutti als auch beim VEB Fernmeldewerk Leipzig meines Vaters wurden die Kinderweihnachtsfeiern immer sehr liebevoll arrangiert. Zum Beispiel wurde 1958 im Institut das Märchen von Frau Holle aufgeführt und im großen Saal des Fernmeldewerkes landete eine Rakete, an einem quer durch den Raum gespanntes Seil, direkt über den Köpfen der Knirpse auf der Bühne. Das war natürlich die Attraktion.

Während der Weihnachtsfeier landete eine Rakete, 1958

Am 30. November 1959 war der Zeitpunkt gekommen, von Meyersdorf Abschied zu nehmen. Als Kind hatte man keine blasse Ahnung, was ein Umzug sein mag und was da folgt. In optischer Erinnerung geblieben ist mir der große Lastkraftwagen mit dem Anhänger und dass ich als kleiner Junge große Angst hatte, dass mein Roller nicht mit verstaut wird. Meine ersten sechs Lebensjahre empfand ich in dieser idyllischen Umgebung als sehr glücklich.

20 JAHRE MEIN LEBENSMITTELPUNKT – LÜTZNER STRASSE 86

Als Fünfjähriger zogen meine Eltern mit ihrem Filius aus den Meyerschen Häusern in Kleinzschocher nach Lindenau in eine 2½-Zimmer-Wohnung im 1. Obergeschoss (OG). Ich war besonders glücklich, da ich von jetzt ab mein eigenes Kinderzimmer hatte. Wenn es auch nur ein „schmales Handtuch“ mit den Abmessungen von ca. 5 m Länge und 1,5 m Breite war, gefiel es mir. Da es aber nicht heizbar war, verzog ich mich in den Wintermonaten dann doch ins Wohnzimmer. Als Luxus hatte ich als Knirps sogar eine Schaukel. Dazu schraubte mein Vater zwei tragfähige Haken in das Querbrett des Kinderzimmer-Türrahmens. Irgendwann war ich dann der Schaukelei entwachsen und mein Vater montierte über der Tür einen elektrischen Heizkörper, der den vorderen Teil des Kinderzimmers erträglich erwärmte.

Neben dem Kinderzimmer wies die Wohnung einen recht geräumigen Korridor mit einer durchgehenden Längsseite auf. Das der Stirnseite mit der Wohnungseingangstür gegenüberliegende Ende lief spitz zu und hier waren die Türen ins Wohnzimmer (straßenseitig) und ins Schlafzimmer (hofseitig). Es folgten die Türen ins Kinderzimmer und in die Küche (beide hofseitig) und die Wohnungseingangstür. Als Nebengelass war die Toilette auf der halben Etage zwischen Erd- (EG) und 1. OG im Treppenhaus. In der Küche war eine separate Abstellkammer und rechts davon – vom 1. bis ins 3. OG in den linken und rechten Wohnungen je OG – ein kleiner Balkon (rund 1,5 m x 1,5 m). Zwei Mietbereiche befanden sich im EG und die Hausdurchfahrt. Vom 1. bis zum 3. OG waren es drei Wohnungen und im Dachgeschoss (DG) eine und der Trockenboden mit Ausstieg auf die Dachfläche. Außerdem war das Bauwerk unterkellert.

Das Wohnhaus erstreckte sich ca. 19 m entlang der Straße und ca. 13 m in die Breite. An der westlichen Grundstücksgrenze reihten sich nacheinander

Frühstück im Wohnzimmer, 1960

nordwärts eine ca. 2 m breite Treppe zum Waschhaus, das Waschhaus selbst (ca. 3 m x 3,0 m), ein Betriebslager (ca. 3,5 m x 3 m) und die offene Lagerfläche mit Schleppdach (ca. 5,5 m x 3,5 m) an. Von diesen Gelassen schloss das Hofareal mit ca. 250 m² Fläche bis zur östlichen Grundstücksgrenze an.

Das Firmengebäude von Bitter & Franz im Hinterhof gliederte sich in Kellergeschoss, EG, OG und DG auf einer Grundfläche von rund 225 m². An der östlichen Flanke führte ein Fahrweg (ca. 16 m x 4 m) zum größeren Außenlager mit Schleppdach (ca. 18 m x 6 m). Den Strom bezog das Firmengebäude über eine Freileitung von vier parallel laufenden Kabeln vom Wohnhaus über den Hof. Unterhalb der Fenster meines Kinderzimmers und des Schlafzimmers der Eltern befand sich die Traverse mit dem Abgang der Leitungen. Unter dem Schleppdach der offenen Lagerfläche am Zugang zum Firmengebäude hatte in den 1960er Jahren der Mieter Knospe aus dem EG abends sein Motorrad mit Seitenwagen abgestellt. Fuhr er zur Arbeit, machte es immer einen Heidenspektakel, indem er seinen heißen Ofen startete. Besonders musste ich grinsen, wenn seine etwas beleibte Frau, die bei der „Drahtbürstenbude" arbeitete, ihre Einstiegszeremonien in den Seitenwagen aufführte. Das gab meist schlechte „Haltungsnoten". Den ersten

PKW im Haus (Trabant 600) chauffierte Mieter Schwarz aus dem 2. OG in diesem Jahrzehnt stolz auf den Hof. Von da ab wurde es immer enger auf dem Gelände.

Auf dem Hof spielten wir Kinder oft Fußball. Dabei diente die Klopfstange für die eingestaubten Teppiche an der östlichen Grundstücksgrenze als Tor. Rechts daneben standen die Aschetonnen, die meist nach einiger Zeit überquollen. Von diesen kletterten wir immer mal wieder über die Mauer auf das Gelände der Firma Rurack. Wenn der Hausherr aufkreuzte, gaben wir Fersengeld, denn der ältere Herr war nicht mehr so sprintstark. Ein Schwall von lautstarken Verwünschungen folgte uns hinterher beim Zurückklettern, zumal wir ihn mit dem Ruf „Uhu, Uhu“ foppten. Vermutlich hatte er etwas Vergleichbares im Habitus mit dem Onkel Uhu aus dem Märchenwald im Kinderfernsehen.

Anfang der 1960er Jahre existierte sogar auf dem hinteren Teil des Hofes am Firmengelände noch eine Aschegrube. Für anderen Hausmüll existierten Kübel, um die sich Hausmeister Schöffl kümmerte. Man ging die Stufen zum Waschhaus hinab gerade bis zur Wand. Wenn die Kübel überquollen, bekamen die Mieter Besuch von den Ratten. Einmal hetzte ein Schäferhund von einem Lagerarbeiter den Tieren hinterher, schnappte sich eine, beförderte diese ins Jenseits und legte sie triumphierend in der Mitte des Hofes ab.

Damals war das Spiel mit Kreisel und Peitsche noch „in“. Die Mädchen malten ihre Hopse auf den Boden. Dauerbrenner waren Fischer welche Fahne weht, Hasche, Murmeln und Verstecken. Dieses Spielchen war besonders aufregend. Unter der offenen Lagerfläche mit Schleppdach lagerten gestapelt leere Holzkisten für die Verpackung der großen und kleinen Drahtbürsten-Erzeugnisse der Firma Bitter & Franz und ein großer Lastkarren. Es machte ungemein Spaß, den oft nur aufgelegten Holzdeckel abzunehmen und in der Kiste zu verschwinden. Da hatte es der Suchende nicht einfach. Einmal passierte es, dass eine Kiste nicht genau über der anderen stand. Beim Hineinkrauchen in das Verlies hatte sich die Kiste wohl etwas verschoben und bei einer leichten Bewegung war der Kipppunkt erreicht und die Holzkonstruktion krachte mit dem lebendigen Inhalt auf den Lastkarren. Zum Glück hatte ich nur ein paar blaue Flecke.

Im kalten Februar habe ich meinen Geburtstag. In den ersten Jahren, nachdem wir nach Lindenau gezogen waren, hatten meine Eltern nachmittags die Kindergeburtstagsfeier organisiert und Kinder aus der Nachbarschaft und der Schulklasse eingeladen. Da ging es stets recht lustig zu. Neben Kartenspielen und dem Würfelspiel „Mensch ärgere dich nicht“ war das Abschneiden

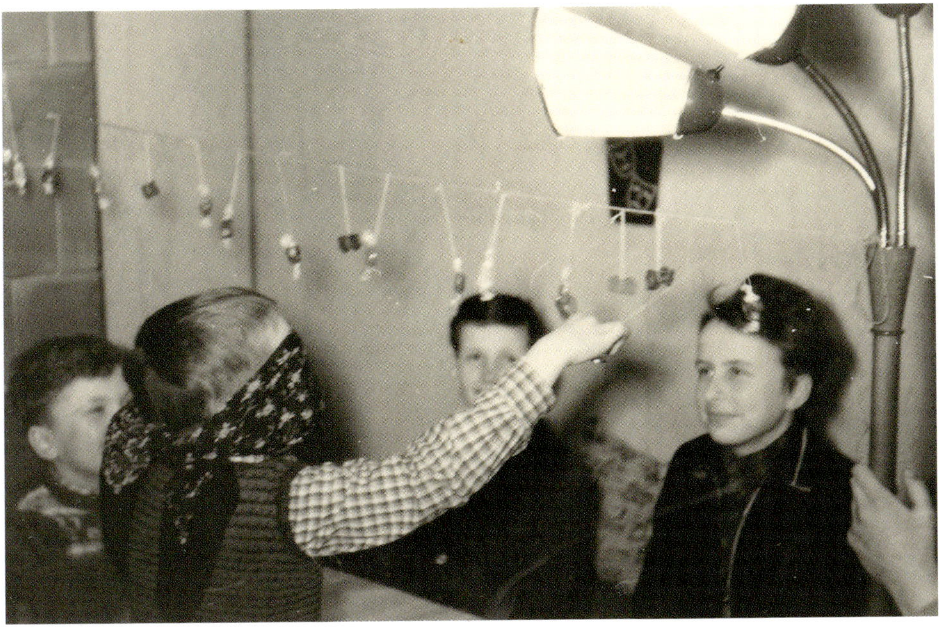

Beim Bonbonabschneiden, 1963

Kartenspiel bei der Geburtstagsfeier, 1963

von Bonbons, die an einer „Wäscheleine“ aufgereiht waren, mit verbundenen Augen der absolute Knüller. Das war gar nicht einfach, mit der Schere in der Luft herumzufuhrwerken und ewig kein Bonbon am Faden zu erwischen. Das sorgte bei allen für ausgelassenes Lachen. Selbstverständlich gab es auch eine Geburtstagstorte und Kakao für alle an diesem Tag.

Bis zum Ende des 4. Schuljahres arbeitete meine Mutti halbtags. So verbrachten wir die Stunden am Nachmittag, bis mein Vater nach Hause kam, oft gemeinsam.

In den wärmeren Jahreszeiten schnappte ich mir meinen Roller und wir gingen gern in Richtung „Duncker-Viertel“ mit den zahlreichen Kleingartenanlagen oder zum Palmengarten mit dem imposanten Wehr. Lag im Winter Schnee, machten wir den Schlitten flott und zogen zur „Warze“ in den Clara-Zetkin-Park.

Mitte der 1960er Jahre verlegten wir das Fußballspielen vom Hof auf die benachbarte Freifläche des ehemaligen Gebäudes Lützner Straße 88, Ecke Cranachstraße. Bis dahin war sie ein „Sturzacker“ mit einem Sandkasten, in dem ich, wie die anderen Kleinkinder, meine Sandburg baute. Nun betonierte die Energieversorgung die Fläche, errichtete einen Stromverteiler und setzte einen Jägerzaun als Begrenzung zu den Fußwegen von Lützner und Cranachstraße.

Wir Jungs hatten auch noch ein anderes Hobby entdeckt. Einer muss gehört oder selbst probiert haben, dass altes Filmmaterial hervorragend brennt und für Stinkbomben geeignet ist. Gesagt, getan, Filme besorgt, Stanniolpapier sowie Zündhölzer und nun wurde experimentiert. Auf dem Balkon hatte ich meine Versuchsstation aufgebaut, klar die Eltern waren nicht zu Hause. Es klappte und qualmte fürchterlich. Natürlich wurde mein Treiben aus dem EG des Firmengebäudes, der Produktionsstätte, von der zuvor erwähnten Frau Knospe bemerkt und später petzte sie es meiner Mutti im breitesten Sächsisch: „Bassen Se ma of ihr´n Jungn of, der gogld de ganse Zeid!“ Trotzdem ließen wir Halbwüchsigen vom Feuerwerken nicht ab und testeten unsere Nebelbomben in den Katakomben der im Zweiten Weltkrieg zerstörten Häuser Nr. 82 und 84 auf dem Gelände der Firma Rurack mit durchschlagendem Erfolg. Es nebelte aus allen erdenklichen Öffnungen.

Als Kind war es für mich ein ganz besonderer Tag, als meine Eltern im Januar 1965 ein Fernsehgerät im Wohnzimmer platzierten. Bis dahin hatte ich gelegentlich bei Schulfreunden mal mit in die Flimmerkiste geschaut. Ab nun konnte ich die Stars meiner Kindheit jederzeit sehen. Eine Standardzeit war sonntags 15.30 Uhr der „Besuch im Märchenland“ mit Meister Nadelöhr. Damals spielte auch noch ein Meister Briefmarke mit, der jedoch kurze Zeit darauf starb. Natürlich war der Abendgruß des Sandmännchen, täglich um 18.50 Uhr, der wohlwollende Abschluss eines erlebnisreichen Tages.

Unter den Hausbewohnern gab es einige Spezies, die in lebhafter Erinnerung blieben. Die Frau Knospe aus dem EG rechts führte das Hausbuch, wie es damals üblich war, und war somit bestens informiert über die „Bewegungen" im Hause. Die Familie hatte zwei Buben und der Ältere zählte mit zu den Spielgefährten. Direkt neben uns in der Mittelwohnung des 1. OG lebte das Ehepaar Lange. Sie war die „leibhaftige Bild-Zeitung" des Hauses. In den warmen Monaten des Jahres hatte sie stets die Angewohnheit, die Eingangstür zur Wohnung eine Handbreit offen stehen zu haben, um Geräusche aus dem Treppenhaus wahrnehmen zu können. Meist hantierte die Hausfrau in der Küche und mit ein paar Schritten durch den kleinen Korridor stand sie schnurstracks in ihrer Wohnungstür, um zu sehen, wer sich da durch das Treppenhaus bewegte. Und sie war eine nervende Schwatztante.

Unsere Obermieter im 2. OG, das Ehepaar Kunisch, hatten eine höchst lautstarke Aussprache. Wie ich als Kind hörte, war der Herr Kunisch Waschmeister in einem Textilreinigungsbetrieb. Dort musste er wohl die lauten Maschinen überschreien, um seine Anweisungen an den Mann oder die Frau zu bringen. Häufig hatten die beiden Besuch und da bekam man die Spielverläufe bei den Kartenspielen oder beim Würfeln fast wie im Rundfunk die Sportübertragungen mit.

Im 3. OG rechts wohnte der ältere Herr Schlegel, dessen Frau bereits gestorben war. Ohne seinen Spazierstock ging er nie aus dem Haus. Er war ein sanft- und gutmütiger Mensch, der uns wohlgesonnen war, mit uns sprach und immer mal einen kleinen Scherz auf Lager hatte.

In den 1960er Jahren wurde, neben dem üblichen Reinigen der Treppe reihum durch die Mieter der betreffenden Etage, in bestimmten Zeitabständen auch die Lackierung aller Tritt- und Setzstufen erneuert. Dabei ging es generalstabsmäßig zu. Der gesamte Treppenlauf wurde in der Mitte halbiert, damit die eine Hälfte begehbar blieb und die andere ihren Lackauftrag erhielt. Um sicher zu sein, dass keinem ein Fehltritt unterläuft, wurde der lackierte Bereich mittels Band abgetrennt. Ein Problem war nur, wenn die Wandseite dran war. Auf den Zwischenpodesten waren die Türen zu den Toiletten und da musste man schon einen großen Schritt wagen, um nicht auf das Lackierte zu tapsen. Für die Älteren war das nicht ganz ohne.

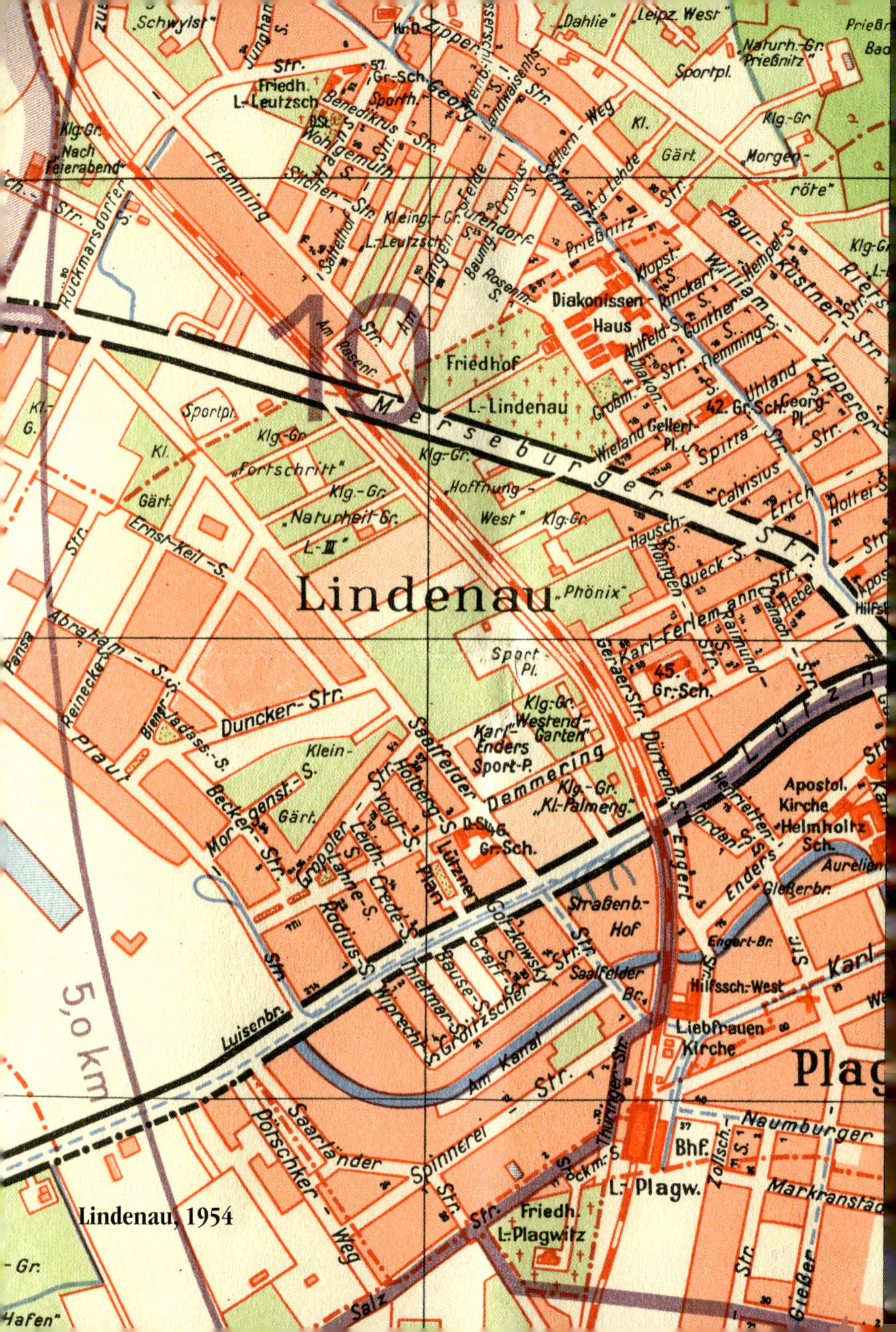

Lindenau, 1954

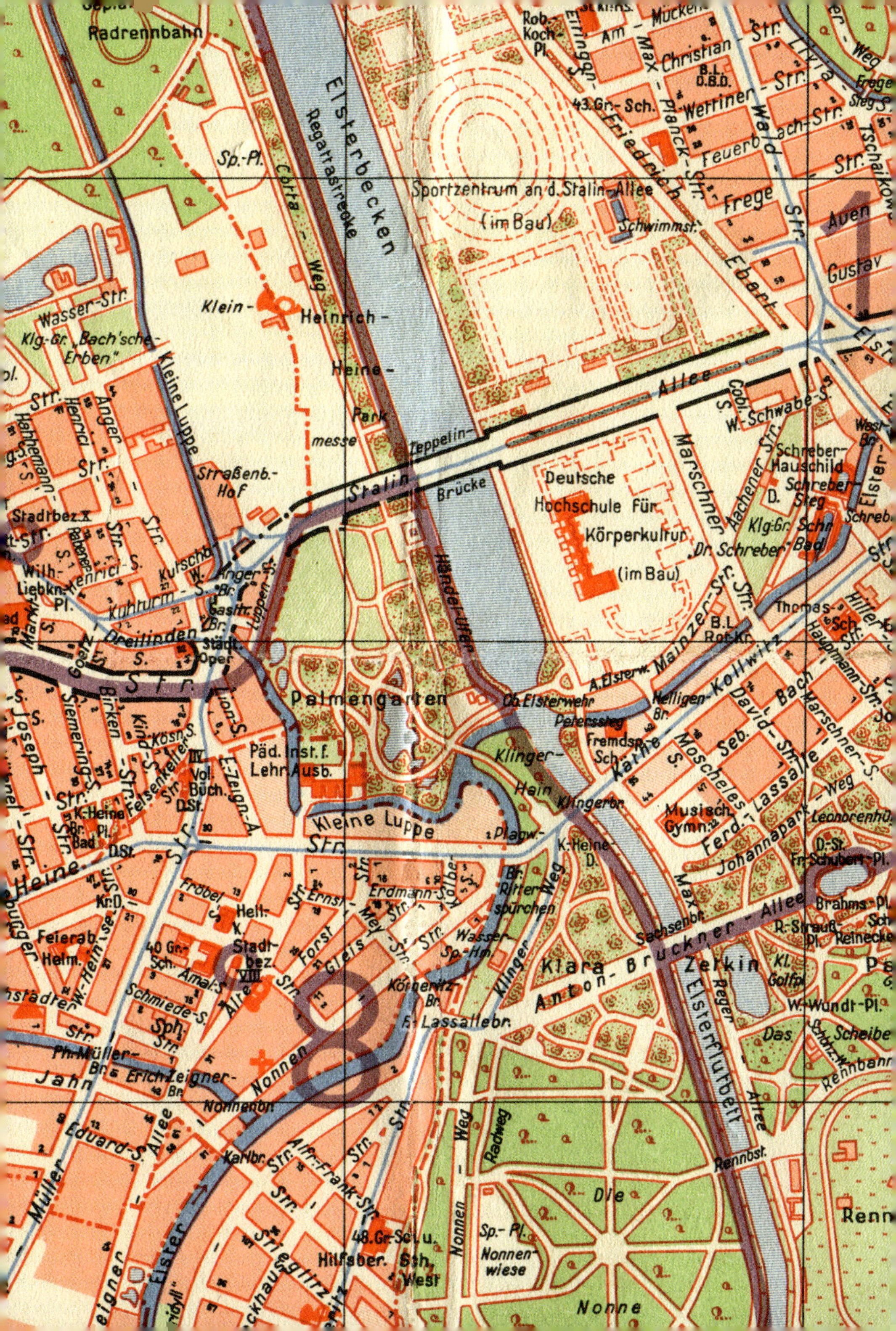

Radrennbahn
Sp.-Pl.
Cotta-Weg
Elsterbecken
Regattastrecke
Sportzentrum an d. Stalin-Allee
(im Bau)
Schwimmst.
Friedrich-Ebert-Str.
Max-Planck-Str.
Wasser-Str.
Klg-Gr. „Bach'sche Erben"
Kleine Luppe
Anger-Str.
Henrici-Str.
Klein-Heinrich-Heine-Park
messe
Straßenb.-Hof
Stalin-Allee
Stalin-Brücke
Zeppelin-
Deutsche Hochschule für Körperkultur (im Bau)
Marschner-Str.
Aachener Str.
Schreber-Hauschild
Schreber-Steg
Dr. Schreber-Str.
Klg-Gr. Schr.
Bad
Thomas-Sch.
Händel-Ufer
Kuhturm-S.
Dreilinden-Str.
Städt. Oper
Palmengarten
Zion-S.
Päd. Inst. f. Lehr.-Ausb.
Ob. Elsterwehr
Petersssteg
Fremdsp.-Sch.
Klinger-Hain
Klingerbr.
Käthe-Kollwitz-Str.
Mainzer-Str.
Seb.-Bach-Str.
Moscheles-Str.
Musisch. Gymn.
Ferd.-Lassalle-Str.
Johannapark-Weg
Kleine Luppe
Fröbel-S.
Erdmann-Str.
Kolbe-Str.
Ritterspürchen
Klinger-Weg
Wasser-Sp.-Hm.
Körneritz-Br.
F.-Lassallebr.
Klara-Zetkin
Anton-Bruckner-Allee
Max-Reger-Allee
Elsterflutbett
W.-Wundt-Pl.
Schreibe
Feierab.-Heim
Jahn
Ph.-Müller-Br.
Erich-Zeigner-Br.
Nonnenbr.
Nonnen-Str.
Eduard-S.-Allee
Karlbr.
Alfr.-Frank-Str.
48. Gr.-Sch. u. Hilfsber. Sch. West
Nonnen-Weg
Radweg
Rennbst.
Sp.-Pl.
Nonnenwiese
Die Nonne
Renn

Mit dem Älterwerden änderten sich die Interessen und den Hof überließen wir Größeren nun den nachrückenden Jüngeren für ihre Spiele. Wie so viele in den 1960er Jahren erfasste auch mich das Interesse an Weltraumfahrt und Astronomie. So beobachteten mein Schulfreund Andreas Krumpaß und ich von der Dachfläche der Lützner Straße 86 aus mit dem Fernrohr, auf einem Stativ montiert, 1970 einen seltenen Durchgang des Planeten Merkur vor der Sonnenscheibe. Natürlich nicht mit dem Blick durch das Okular, sondern indirekt auf einem weißen A3-Karton mit der Abbildung der Sonnenscheibe. Darüber lief, wie ein kleines Insekt, der schwarze Punkt des kleinen sonnennächsten Planeten.

Mit Beginn des Sommers 1970 beendete ich die 10. Klasse und ab September stieg ich in die dreijährige Berufsausbildung als Baufacharbeiter mit Abitur beim damaligen VEB Wohnungs- und Gesellschaftsbaukombinat Leipzig (später VEB Baukombinat Leipzig) in der Betriebsberufsschule „Makarenko“, Neustädter Straße 1, ein. Eigentlich wollte ich „Wetterfrosch“ werden. Ich hatte während der beiden letzten Sommerferien in der Leipziger Wetterdienststelle geholfen und im September 1969 schon einen Lehrvertrag mit dem Leiter Dr. Wiechert abgeschlossen. Leider genehmigte Anfang Dezember das Amt für Arbeit bei der Stadtverwaltung keine Lehrstelle für Leipzig. So kam ich zum Bau.

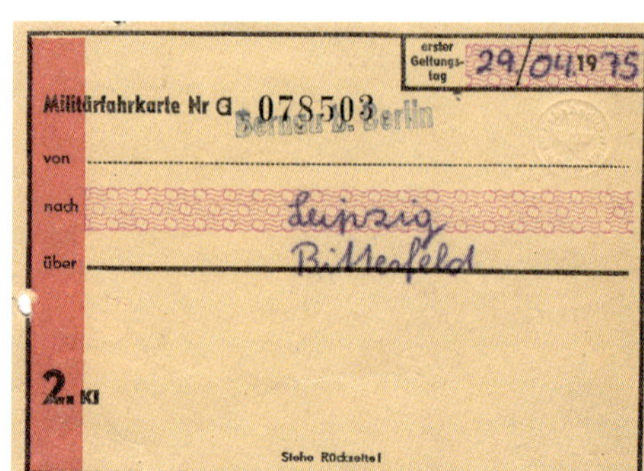

Der Grundwehrdienstler am ersten Tag seiner 18 Monate bei der NVA, 1973, und Heimfahrkarte, 1975

Passend zur Ausbildung verabschiedete ich mich am 1. November 1973 für 18 Monate aus dem Alltagsleben zu den Baupionieren bei der Nationalen Volksarmee (NVA) der DDR. Das ist die Truppe, die die Bauaufgaben aller Art beim Militär realisierte. In diesen 1½ Jahren hatte ich es am Ende auf acht unterschiedliche Anschriften in der Republik gebracht (Neiden bei Torgau in drei Kompanien, Potsdam, Wildpark-West bei Geltow, Bernau in drei verschiedenen Einheiten sowie Holzdorf in der Annaburger Heide).

1979 erzählte mir die betagte Frau Schlegel aus dem 3. OG, dass kurze Zeit vor meiner Einberufung zwei Herren im Haus waren, bei ihr klingelten und wissen wollten, was dieser Lothar Kurth für ein Bürschchen sei.

Ab September 1975 nahm ich ein dreijährigen Direktstudium an der damaligen Ingenieurhochschule (IHS) in Cottbus auf. Das letzte Semester nannte sich Praktikum und man war bereits in seinem zukünftigen Betrieb. Das Studium schlossen wir als Hochschulingenieure ab. Gleich zu Beginn der dreijährigen Absolventenzeit schob ich den Diplomabschluss nach mit einem Thema meines Arbeitgebers, dem Institut für Ingenieur- und Tiefbau Leipzig der Bauakademie der DDR. In den 1970er Jahren war deshalb das Hofgelände für mich eigentlich nur noch ein „Durchlaufgebiet" von der Straße zum hofseitigen Eingang in das Treppenhaus. Geeignet war der Hof für das Reinigen und gelegentliche Reparieren meines blauen Fahrrades.

Im September 1979 zog ich aus und „schwarz" in die gerade 30 m² große Wohnung meiner drei Monate zuvor verstorbenen Großmutter in der Leutzscher Bischofstraße 35 ins 1. OG ein. Damit endete das Kapitel in der Lützner Straße 86 nach fast 20 ereignisreichen und in dankbarer Erinnerung bleibenden Jahren. Danach schaute ich dennoch fast jeden erdenklichen Tag bei meinen Eltern vorbei.

Nach dem politischen Umbruch 1989/90 verließen die ersten Mieter das Haus. Man konnte dem Verfall förmlich zuschauen. Dubiose Gestalten als neue Mieter ergriffen Besitz von den verlassenen Wohnungen und die Anarchie nahm ihren Lauf. Meine Eltern beschlossen 1995, sich eine neue Bleibe zu suchen, und zogen in diesem Jahr in die Jordanstraße 7, neben dem Areal, wo sich heute die Leipziger Tafel befindet (Jordanstr. 5). Sie blieben ihrem Kiez treu. Im Zeitraum zwischen 2009 und 2013 (Google-Luftbildaufnahmen) sind sowohl das Wohnhaus als auch das Fabrikgebäude mit sämtlichen Nebengelassen abgerissen worden. Somit ging wieder ein Zeugnis der Zeitgeschichte in die ewigen Jagdgründe ein.

FIRMA BITTER & FRANZ

Im Hofgebäude des Grundstücks Lützner Straße 86 residierte zum Zeitpunkt unseres Einzugs im Vorderhaus am 30. November 1959 die Firma Bitter & Franz. Ihre Produktionspalette umfasste Drahtbürsten für Industrie, Gewerbe, Kommunen und Einzelhandel, von großen Teller-Bürsten für Straßenkehrmaschinen bis hin zu Hand-Drahtbürsten für den Heimwerker zu Hause. Deshalb hieß die Firma im Volksmund etwas geringschätzig nur „Drahtbürstenbude".

Es ist schon ein gewaltiger Unterschied, ob ein Wohnhaus ein ruhiges „Hinterland" hat oder ob noch ein Nebengelass existiert, das gewerblich genutzt wird. Bis 1967 gab es noch eine durchgehende Sechs-Tage-Arbeitswoche. Bis Sonnabendmittag wurde gearbeitet. Danach waren es nur noch fünf Tage in der Woche, aber die reine Arbeitszeit pro Tag betrug 8 ¾ Stunden, 43,75 Stunden in der Woche. Ergo, es war nur samstags und sonntags Ruhe auf dem Hof. Wochentags begann das Treiben um 6.30 Uhr. Anfang der 1960er Jahre war Herr Schöffl, der im Erdgeschoss im Vorderhaus wohnte, als Lagerverwalter beschäftigt und schaltete bereits eine Viertelstunde vorher nach und nach im Keller-, Erd- und Obergeschoss die Beleuchtung ein. Das erhellte den Hof und mein Kinderzimmer und die Nacht war zu Ende. Das war jedoch nicht so tragisch, denn um diese Zeit musste ich sowieso aufstehen, um mich für die Schule fertigzumachen.

Im Kellergeschoss befanden sich der Wareneingang und der Warenausgang. Vom Hof führte eine Treppe mit ca. 10 Stufen hinab. Über dem Treppenlauf war

Blick auf den winterlichen Hof und zum Gebäude und den Nebengelassen der Firma Bitter & Franz, 1994

in der Außenwand die tragende Konstruktion für die fahr- und schwenkbare Laufkatze verankert.

Schon in der ersten Stunde des Arbeitstages kamen mehrmals in der Woche Fahrzeuge, die auf dem breiten Fußweg an der Lützner Straße vor dem Wohnhaus parkten, um Waren abzuholen. Der Fahrer meldete sich beim Lagerverwalter und die bestellten Produkte wurden aus dem Lager mittels Laufkatze nach oben befördert und auf einem großen Lastkarren abgelegt. Mit Muskelkraft wurde das Gefährt über das Kopfsteinpflaster, durch die Hausdurchfahrt zum Fußweg bugsiert. In der Hausdurchfahrt dröhnte es jedes Mal bei voller Ladung besonders.

Im Erdgeschoss des Hofgebäudes wurden die unterschiedlichen Erzeugnisse von Frauen mit maschineller Unterstützung hergestellt. Als Kind hatte ich den Eindruck, dass die oft recht neugierige Damenwelt viele Pausen einlegen würde, um Bewegungen auf dem Hof nicht zu verpassen. Im Obergeschoss hatten die Chefs ihr Reich, dem das Sekretariat vorgelagert war, in dem die Sekretärin Frau Glatzel ihren Arbeitsplatz hatte.

Ab ca. Mitte der 1960er Jahre bürgerte es sich ein, dass die Lastkraftwagen nicht mehr auf dem Fußweg parkten, sondern sich durch die enge Hausdurchfahrt schoben. Dazu wurden die zweiflügeligen Tore straßen- und hofseitig aufgeklappt und standen oft stundenlang offen. Das war in der kalten Jahreszeit recht unangenehm und fußkalt.

Wir hatten zur Straße unser Wohnzimmer über der Durchfahrt und zum Innenhof das Schlafzimmer der Eltern, zusätzlich noch die Giebelwand an beiden Räumen. Zweimal am Tag mussten meine Eltern den Berliner Ofen bis zum Anschlag beheizen, damit das Thermometer 20 °C anzeigte. Ich erinnere mich noch genau daran, als im Frostwinter 1962/63 mit Temperaturen zwischen -25 °C und -30 °C auf der Innenseite der Giebelwand im Elternschlafzimmer eine weiße, glitzernde Schicht lag.

Und irgendwann passierte es, dass ein Fahrzeug mit höheren Spiegeln die beiden oberen Aufbauten der Hausdurchfahrt demolierte und auch die Torflügel ramponierte. Nun zog es richtig wie Hechtsuppe, auch bei geschlossenen Torflügeln, die sich kaum noch arretieren ließen. Eine spätere notdürftige Reparatur brachte jedoch keine Besserung, denn die Holzbalken zwischen Türflügeln und Oberlichten waren gebrochen. Und so blieb es. Kein Wunder, dass das Verhältnis zwischen den Mietern und der „Drahtbürstenbude“ recht gespannt blieb in den Folgejahren.

Lindenau 1946, blau: total zerstörte Gebäude, blau schraffiert: schwer beschädigte Gebäude

BOMBENTREFFER IN DER LÜTZNER STRASSE

Aus Erzählungen der Erwachsenen in der zweiten Hälfte der 1960er Jahre wurde mir als Heranwachsendem bewusst, warum – die Frage hatte ich mir schon als Knirps gestellt – unser Wohnhaus Lützner Straße 86 ausgerechnet für sich allein an der Straße steht, während sich die anderen Haus an Haus reihen.

Während eines Bombenangriffs der angloamerikanischen Luftstreitkräfte auf Leipzig schien die Besatzung eines Flugzeugs bemerkt zu haben, dass da noch eine Granate im Schacht ist und diese traf diese Stelle in Lindenau. Die Nachbarhäuser Nr. 82, 84 und 88 sowie die Cranachstraße 2 fielen gänzlich in Schutt und Asche. Das Wohnhaus gegenüber der Nr. 86, die Nr. 63, wurde zum Teil zerstört und besteht heute aus zwei Teilen. Der linke Teil besteht nur noch aus Erdgeschoss und 1. Obergeschoss. Beide Teile waren vor dem Bombeneinschlag ein gesamtes Gebäude.

Unser Gebäude Nr. 86 soll nach den Aussagen der schon Jahrzehnte hier Wohnenden ausgebrannt sein. Nur die Außenmauern waren verblieben. Irgendwann Ende der 1940er/Anfang der 1950er Jahre muss es wieder mit 12 Wohnungen aufgebaut worden sein. Mit meinen Eltern zog ich am 30. November 1959 hier ins 1. Obergeschoss ein. In der reichhaltigen Bibliothek meines Vaters entdeckte ich zufällig einen Leipzig-Atlas. Darin ist das Stadtgebiet, auf mehrere Seiten aufgeteilt, detailreich dargestellt, d.h. jedes Gebäude ist erkennbar und ob es nach dem Zweiten Weltkrieg erhalten geblieben ist oder ob es schwerbeschädigt wurde bzw. total zerstört. Deutlich erkennbar ist, dass die o.g. Häuser zum Volltreffer wurden und die benachbarten Gebäude Nr. 63–61, 65 und 67 schwere Schäden davontrugen.

Die Lücke zwischen der Lützner Straße 80 und 86 ist in den 1990er Jahren mit einem Neubau geschlossen worden. Unser Wohngebäude mit dem gewerblich genutzten Hinterhaus existiert jedoch nicht mehr. Auf dem Areal und dem angrenzenden der Nr. 88 befindet sich heute ein Autohändler.

In dem zuvor erwähnten Leipzig-Atlas sind u.a. weitere Totalzerstörungen in Lindenau ersichtlich: das Terrain zwischen Zschocherscher Straße und Luppenstraße, der Bereich Ecke Demmeringstraße zur Henricistraße sowie das Gelände zwischen Lützner Straße, Wiprechtstraße und dem Karl-Heine-Kanal.

SCHULANFANG UND KLEINMESSE

Als meine Eltern und ich am 30. November 1959 aus den Meyerschen Häusern in Kleinzschocher in eine größere Wohnung nach Lindenau getauscht hatten, war es nur logisch, dass ich Anfang September 1960 am neuen Heimatort in eine der Bildungsstätten eingeschult wurde.

Die Zuordnung der Schulen erfolgte nach territorialen Gesichtspunkten und unser neues Wohnhaus, Lützner Straße 86, lag an der Nordseite der Straße und westlich der Merseburger Straße, d.h. meine zukünftige Schule sollte die 45. POS (Polytechnische Oberschule) werden. Aber das war mir als Knirps egal. Hauptsache endlich ein Schulkind werden, denn in der ersten Jahreshälfte 1960 musste ich mit meiner Mutter frühmorgens noch los, weil sie mich in den Kindergarten brachte, der sich in einem Seitenflügel der 55. POS an der Ratzelstraße in Kleinzschocher befand, ehe sie danach zu ihrer Arbeitsstelle, dem Institut für Landmaschinen- und Traktorenbau, weiterging und mich nachmittags wieder abholte.

Zur Einschulung in die 45. POS, 1960

Ein angehendes Schulkind weiß natürlich, dass es bei der Einschulung eine große Zuckertüte geben wird. Die Spannung stieg im August von Tag zu Tag und wir Kinder rätselten, was denn so alles in der großen Tüte sein wird. Mein Vater meinte einmal verschmitzt: „Na bei dir werden ein paar Briketts aus dem Keller in der Tüte ganz unten sein." Das fand ich natürlich gar nicht lustig. Es kam aber nicht so. Die Zuckertüte, die ich bekam, war fast so groß wie ich und für den kleinen Knirps zu schwer, um sie die ganze Zeit zu tragen. Da musste mein Vater ran. Bei der Ein-

Klasse 1 c der 45. POS mit Klassenleiterin Frau Täsch, 1960

schulung, so kann ich mich noch erinnern, waren eine Unmenge von Leuten und ein „Zuckertüten-Wald" im Schulhof.

Der erste Schultag und die erste Zeit in neuer Umgebung waren mächtig aufregend. In der Klasse 1c, unter unserer Klassenleiterin Frau Täsch, lernte ich von nun an mit den anderen 27 ABC-Schützen in den Fächern Lesen, Schreiben, Rechnen, Heimatkundliche Anschauung, Werken, Zeichnen, Singen und Turnen. Eine Woche nach der Einschulung wollten meine Mutti, sie arbeitete damals halbtags, und ich bei schönem Spätsommerwetter der Leipziger Kleinmesse am Cottaweg einen Besuch abstatten. Ich freute mich schon auf die Luftschaukel. Nach der Schule und dem pflichtgemäßen Erledigen der Hausaufgaben machten wir uns zu Fuß auf den Weg. Als wir den Straßenbahnhof Angerbrücke (vormals DSF [= Gesellschaft für Deutsch Sowjetische Freundschaft]) passiert hatten, merkten wir, dass es ungewöhnlich ruhig war, je näher wir kamen. Am Eingang dann die Überraschung – die Kleinmesse war geschlossen! Auf der Bekanntmachung war zu lesen, dass der erste und einzige Präsident der DDR, Wilhelm Pieck, am 7. September 1960 verstorben und Staatstrauer angeordnet

Erster Besuch der Kleinmesse mit Eltern, Verwandten und dem Eisbär, 1955

war. Deshalb waren „Volksbelustigungen aller Art“ in dieser Zeit untersagt und auch die Kleinmesse musste dicht machen.

Als Steppke war ich enttäuscht und wohl auch etwas entrüstet. Erst Jahre später konnte ich die Tragweite dieses Ereignisses begreifen. Nun ja, welcher Knirps im zarten Alter von sechs Jahren hat mit Politik gewöhnlich etwas am Hut?

GEMÜSELADEN UND TEEMANN IN DER LÜTZNER STRASSE 61

Meine Mutti war, wie die meisten Frauen in den Jahrzehnten nach dem Zweiten Weltkrieg, rege in der Küche aktiv und um die Versorgung der Familie bemüht. Ein Glück, dass von unseren beiden Wohnzimmerfenstern aus der direkte Blick zum Gemüseladen schräg gegenüber in der Lützner Straße 61 möglich war.

Sobald dort ein Lieferauto abfuhr, dauerte es nicht lange, dass sich einige Leute dort einfanden, d.h., es musste irgend etwas geben. Im Nu war meine Mutti drüben im Laden und hatte „Schmäckerchen“ erstanden, ehe sich eine lange Schlange bildete. Aber meistens wurden nur Alltagssachen entladen.

Im Gemüseladen verkaufte man auch Speiseeis, das sogenannte Eis am Stiel. Böse Zungen nannten es auch Matsch am Knüppel. Im Angebot waren zwei Sorten: das Vanille-Eis zu 10 Pfennigen und das Othello-Eis zu 30 Pfennigen.

Diese Sorte hatte eine Ummantelung aus Schokolade und war natürlich bei den Kindern viel beliebter als das andere Eis. Erinnern kann ich mich noch genau daran, dass im Gemüseladen ein großes Holzfass mit Sauerkraut stand. Für 10 Pfennige bekam man eine Papiertüte voll und schmatzte das sauere Zeug mit Inbrunst hinunter. So konnte man kein Skorbut bekommen.

Die Lützner Straße 61 hatte eine mittig angeordnete Hausdurchfahrt. Links davon war der Gemüseladen und rechts das Geschäft des sogenannten „Teemanns", wie mein Mutti zu sagen pflegte. Auch dort huschte sie hin und wieder hinein und kaufte etwas bei dem älteren Herrn. Im 2. Obergeschoss dieses Hauses am offenen Giebel zum nur zweigeschossigen Teil der Nr. 63 wohnte ein Mieter, der ab und an auf Taubenjagd ging. Hatten sich wieder welche in einer Nische unterhalb der Dachrinne über dem 3. Obergeschoss versammelt, machte er sein Luftgewehr scharf und setzte zum finalen Schuss an. Da gingen natürlich in allen benachbarten Häusern die Fenster auf – Wildwest lässt grüßen.

AUTONUMMERN AUFSCHREIBEN UND DIE MESSESTRASSENBAHNEN

Ganz außergewöhnliche und aufregende Ereignisse im Jahr waren die Frühjahrs- und die Herbstmesse, zu der – wie es aus Regierungskreisen hieß – die Welt in Leipzig zu Gast sei. Durch die Erwachsenen waren wir als Kinder im Vorfeld auch schon etwas „aufgedieselt", weil das etwas ganz Besonderes sein musste. Von einigen Gleichaltrigen hörte man, dass sie einen Messeonkel zu Hause beherbergten. Das wäre in der Wohnung, in der ich lebte, gar nicht möglich gewesen, denn dem Messeonkel hätte mein schmales Zimmer mit seinen knapp 8 m^2 bestimmt nicht behagt und dann noch das WC auf der halben Etage im Treppenhaus.

Die Merseburger Straße als Fernverkehrsstraße (damals die F 181) war und ist der Zubringer zur Autobahn A 9 und von dort rollte die Autokarawane nach Leipzig und kam auf dem Stadtgebiet demzufolge zuerst durch Lindenau. Wir Kinder wussten, wann es sich lohnte, sich an der Kreuzung der Merseburger Straße mit der Lützner Straße zu postieren und die Autokennzeichen der vorwiegend westdeutschen Fahrzeuge aufzuschreiben. Man musste schon genauer hinsehen, denn die Abfolge von Buchstaben und Ziffern war doch etwas anders als bei den einheimischen. Mit der Zeit bekam man mit, aus welchen – dem klei-

Merseburger Straße, 1975

nen DDR-Bürger bekannten – Städten die Autos vom anderen deutschen Staat kamen. Es waren viele aus Berlin, Hannover, Nürnberg und München darunter.

Sicher werden die Landsleute aus der westlichen Hemisphäre verdutzt geguckt haben, dass kleine Knirpse da am Geländer stehen und mit Euphorie die Kennzeichen notieren. Rechneten sie mit Knöllchen? Unter den Fahrzeugen, die an uns vorbeirollten und in die Lützner Straße einbogen, waren jedoch welche, deren Kennzeichen rote Buchstaben und Ziffern hatten oder einen orangefarbenen Grund. Nach „Detektivarbeit“ kamen wir zum Ergebnis, dass es belgische und niederländische Besucher der Messe sind.

Wir Stifte hatten jedenfalls unsere helle Freude daran und tauschten unsere Ergebnisse aus. Man war natürlich auch bestrebt, die meisten von allen aufgeschrieben Autonummern zu haben.

An der Kreuzung war mächtig viel Trubel, denn auch aus der Richtung von Markranstädt rollten mehr Fahrzeuge als sonst in Richtung Innenstadt. Und die hatten es schwerer, denn sie mussten sich mit der Straßenbahn die Trasse teilen. Neben den regulären Straßenbahnlinien 15, 19 und 30 fuhr während der Leipziger

Frühjahrs- und Herbstmesse die Linie mit dem grünen MM (für Muster-Messe) von der Endstelle in der Lindenauer Plautstraße, um die Messebesucher zu den Ausstellungshäusern in der Innenstadt und zum Areal der Technischen Messe an der Prager Straße (damals Leninstraße) zu bringen. Außerdem setzten die Leipziger Verkehrsbetriebe im Zeitraum der Messe im gesamten Netz noch die Verstärkungslinien 31 bis 34 ein.

ROLLERRENNEN UND SCHLITTENFAHREN

Zwei saisontypische „Sportarten" für den Nachwuchs. Auch diese zählten mit zu meinen Freiluftaktivitäten in der ersten Hälfte der 1960er Jahre. Und dabei war man nicht allein. In meinem unmittelbaren „Jagdrevier" an der Einmündung der Cranachstraße in die Lützner Straße wohnten eine Menge Kinder aller Altersgruppen, mit denen man ständig in Kontakt war (ein besonderer Clan war die Familie Clemens mit sechs Kindern aus der Cranachstraße 1).

Beliebt waren die Rollerrennen und besonders das „Einzelzeitfahren" ums Karree. Start war an besagter Einmündung. Ca. 180 m ging es die Lützner Straße hinab bis zur Kreuzung mit der Merseburger Straße und auf die Fußgänger musste man achten. An der scharfen Linkskurve musste man schon ordentlich abbremsen, sonst lag man auf der Nase und holte sich ein paar wehtuende Schrammen. „Bergan" folgten 150 m die Merseburger Straße hinauf. Da war Puste gefragt. Erneut hieß es scharf links und nun fegte man das 150 m lange dritte Teilstück auf dem Fußweg der Demmeringstraße entlang. Jetzt schon in Übung, war die letzte Linkskurve erreicht und auf der Cranachstraße war in rund 120 m Entfernung das Ziel erreicht. Schon beim Einbiegen auf die Schlussgerade waren das Gejohle und die Anfeuerungsrufe der Kinder zu hören, denn auf den Armbanduhren wurden die Zeiten für die gesamte Strecke genommen (ca. 600 m). Nun ja, einige Male hatte ich die Nase vorn, in anderen Rennen gab es bessere Rollerfahrer und als derjenige mit der schlechtesten Zeit kam ich auch mal ins Ziel. Da stimmte die Tagesform überhaupt nicht.

Es herrschte immer ein mächtiger Trubel an der Ecke Lützner Straße/Cranachstraße und auf der betonierten Freifläche, die zum Fußballspielen einlud, bis der erste zum Mittagessen gerufen wurde. Dann löste sich die Kinderschar auf – bis zum nächsten Mal.

In Neu-Lindenau hinter dem in den 1950er Jahren erbauten „Duncker-Viertel“ an der Ecke Saalfelder Straße zum Margeritenweg ist eine kleine Aufschüttung, die auch heute noch als Mini-Rodelberg dient. Mitte des letzten Jahrhunderts gab es noch harte, sibirisch kalte und lang anhaltende Winter mit enormen Schneemengen (u.a. 1962/63, 1964/65 und 1969/70), dass sich das Rodeln auch wirklich lohnte. Je nachdem, wer von uns Kindern Zeit hatte, schnappte sich seinen Schlitten und so zog die Kolonne los, entlang der Demmeringstraße, durch die Unterführung der Zeitzer Bahnstrecke am heutigen S-Bahn-Haltepunkt Lindenau (den gab es erst seit 1969), rechts entlang des unbefestigten Weges parallel zur Bahntrasse, an der Eigenheimsiedlung Margeritenweg links und am Ende stieß man direkt auf die Saalfelder Straße mit dem Rodelberg. Von weitem sah man schon das emsige Treiben.

Besonders an den Wochenenden ging es hoch her, denn da versuchte sich der Rodelnachwuchs im Beisein der Eltern. Aber sie nutzten wenigstens die Flanken des Abhangs, um mit den Großen in der Mitte nicht ins Gehege zu kommen. In der Mitte waren Positionskämpfe Usus und wer nicht schnell genug reagierte, hatte schlechte Karten beim Herunterrodeln. Es kam natürlich auch zu Zusammenstößen, blauen Flecken und ab und an endete ein Schlitten sogar im Kleinholz. Die Rodelpiste ist nicht allzu lang und gar nicht zu vergleichen mit

Höchste Erhebung in Lindenau zum Rodeln: an der Saalfelder Straße, 2022

der großen Bahn am Bienitz oder der im Mariannenpark in Schönefeld, die seinerzeit übrigens in die verkehrte Richtung angelegt wurde, nämlich nach Süden.

BEIM MILCHMANN IN DER LÜTZNER STRASSE 71

Regelmäßig gehörte es mit zu meinen Aufgaben im Haushalt, frische Milch aus dem Fachgeschäft zu besorgen. Mutti drückte mir das nötige Kleingeld in die Hand und ich schnappte mir den Milcheimer mit Deckel und Henkel und zog los. Der Milchladen von Herrn Kirchhof war keine fünf Minuten weit entfernt. Dazu musste ich die Lützner Straße aufmerksam überqueren.

Ich betrat das Geschäft von Herrn Richard Kirchhof in der Lützner Straße 71. Meistens waren schon Kunden vor mir und ich musste geduldig warten, bis ich an der Reihe war. Ich reichte meinen Milcheimer auf Fußspitzen über die Ladentafel. Der Milchmann nahm ein Schöpfmaß zur Hand und tauchte es tief in die große Milchkanne ein. Mit Schwung bei tausendfacher Übung bugsierte er den Inhalt in den Milcheimer. Er wiederholte den Vorgang und ein Liter war nun darin. Ob ein Liter auch wirklich drin war, konnte ich schlecht nachprüfen, denn manchmal sah es so aus, als ob der Ladenbesitzer seinen Daumen noch mit in der Milch badete. Das war jedoch völlig gegenstandslos, denn die festgelegte Menge kam zu Hause auf jeden Fall nie und nimmer an. Auf dem Heimweg musste ich ja die Qualität des Gekauften überprüfen und mich stärken, dass ich den Weg auch schaffe.

Eine gängige Übung war es, den Milcheimer, wie bei einer Windmühle, kreisen zu lassen, ohne dass die Katastrophe eintritt und die ganze Milch auf dem Fußweg landet. Da kam man zu Hause aber mächtig in Erklärungsnöte. Glücklicherweise hatte ich bei dieser Übung den Bogen raus.

BEIM FRISEUR IN DER LÜTZNER STRASSE 48

Wenn meine Eltern es für notwendig erachteten, dass ich mal wieder zum Friseur müsste, um nicht wie ein Landstreicher auszusehen, gab es keine Widerrede. Mit dem passenden Geldbetrag für den Rundschnitt trabte ich los, „meine Straße“ hinunter bis kurz nach Querung der Odermannstraße.

Der Friseur war im rechten Geschäft der Lützner Straße 48, 2022

Im Erdgeschoss der Lützner Straße 48 befand sich das kleine Friseurgeschäft, das in meinen Kindheitstagen allgegenwärtig war. Über zwei Stufen hinauf, die Tür geöffnet und ich stand im Laden mit Blick zur linken Seite, wo die in Weiß Gehüllten in ihrem Friseursessel saßen. Zumeist sah ich, so meine kindliche Einschätzung, nur alte Männer hier. Auf der rechten Seite suchte ich mir einen freien Platz und das Warten begann. Um mir die Zeit zu vertreiben, beobachtete ich genau, was um mich herum so passierte. Viele der Herren ließen sich vom Meister der flotten Schere nicht nur den meist schon recht schütteren Haarwuchs noch mehr auslichten, nein, sie ließen sich auch noch den Bart oder Bartflaum stutzen. Dazu benötigte der Meister eine Schale zum Anrühren, so dass er zum richtigen Schaumschläger avancierte. Nun griff er sich einen großen Pinsel und klatschte das Zeug mit Schwung auf die bereitwillig hingehaltenen Gesichter der Kunden. Als Kind musste ich innerlich feixen, als ich die Antlitze der Eingeseiften sah. Mit so einem „halben weißen Bart" wird es nichts mit einem richtigen Weihnachtsmann. Jetzt nahm sich der Fachmann aus seiner „Werkzeugkiste" ein Rasiermesser und begann es an einem neben dem Spiegel hängenden Lederriemen in atemberaubender Geschwindigkeit hin und her zu wetzen. Geübt ist geübt. Dann beugte er sich über sein „Opfer" und begann es Schritt für Schritt oder vielleicht Schnitt für Schnitt von seinem Bartwuchs zu befreien. Bei jedem

Schnitt wischte der Friseur vom Messer Schaum und Bartstoppeln ab. War das Werk vollbracht, glänzte das Gesicht des nun Bartlosen wie ein Kinderpopo. Hin und wieder kam es doch einmal vor, dass der Meister einen Kunden schnitt und etwas Blut tropfte. Dagegen hatte er aber immer etwas griffbereit liegen, z.B. einen Alaunstift.

Manchmal kam es vor, währenddessen ich wartete, dass ein Kunde später nach mir erschien, aber eher zum Zuge kam. Tja, das war das Schicksal der Kinder damals. Endlich war ich an der Reihe. Flink erklomm ich den Sessel, bekam das weiße Laken umgeworfen und vernahm den Befehl, ruhig zu sitzen. Ich gehorchte. Der Meister drehte meinen Kopf ständig so in Position, dass seine gefräßige Schere auch jedes Haar erfasste und kürzte. Am Ende fuhrwerkte er mir noch mit einem elektrischen Rasierer im Nacken herum und fertig. Keine zehn Minuten dauerte die Prozedur, bis ich wieder „runderneuert" war. Brav bezahlte ich meine empfangene Leistung an der Kasse. Das war ein großer metallener Kasten mit einer Kurbel an der Seite, die der Meister drehte. Mit einem akustischen Signal öffnete sich das Geldfach. Meine Münzen verschwanden darin und er schob das Fach krachend zurück in das Kassengerät. Ich verließ das Friseurgeschäft und ging auf „meiner Straße" zurück nach Hause. Wehte der Wind stärker, merkte ich schon, dass da oben etwas fehlte. Entrüstet dachte ich in meiner kindlichen Logik, dass es eigentlich ungerecht ist, dass der Friseur meine Haare abschneidet, mir also etwas wegnimmt, und dafür auch noch bezahlt werden muss. Na ja, dann bis zum nächsten Mal und nicht zu kurz.

EIN PULSIERENDES ZENTRUM IN LINDENAU

Die Kreuzung Lützner Straße/Merseburger Straße war früher im Gegensatz zur heutigen Zeit ein pulsierendes Zentrum in Lindenau. Allein schon deswegen, da hier die damaligen Fernverkehrsstraßen (heute Bundesstraßen) 87 und 181 aufeinandertreffen. Seinerzeit war an allen vier Eckpunkten Leben in den Einzelhandelsgeschäften und viele Menschen bevölkerten in den Nachmittagsstunden die Gehwege.

Von unserem Wohnhaus Lützner Straße 86 waren es rund 200 m bis zu diesem Knotenpunkt. Zuvor passierte man die GutsMuthsstraße. An einer der beiden Ecken war das Friseurgeschäft Rudolph und an der anderen das Restaurant

Turnerhalle. Hier war und befindet sich auch heute noch die Haltestelle für die stadteinwärts fahrenden Straßenbahnen. Ein paar Schritte sind es bis zum Eckgebäude. Ein sehr gut frequentierter Imbiss befand sich darin. Heute ist hier ein Textilanbieter auf der gesamte Fläche des Erdgeschosses ansässig.

Um die Ecke herum, in der Merseburger Straße 75, befand sich eine Fischhandlung. Als Kind war ich mit meiner Mutti ab und zu auch Kunde in dem „stinkenden" Laden. Ich war immer konsterniert, wenn der Mann hinter der Ladentheke mit einem Kescher in den Bassins an der Wandseite herumstocherte, bis er z. B. einen Karpfen im Netz hatte. Mit geübtem und festem Griff holte er den Brocken aus dem Netz, damit das glitschige Ding nicht über die Theke schusselte. Dann holte er einen Holzknüppel von unten hervor und das arme zappelnde Tier bekam damit eins über den Schädel und Ruhe war. Da lief mir immer eine Gänsehaut über den Körper hinunter. Kunden, die den Karpfen lebendig mit nach Hause nehmen wollten, bekamen eine durchsichtige Kunststofftüte, in die der Fischhändler Wasser füllte und den Kiemenatmer hineinsetzte.

Auf der gegenüberliegenden Straßenseite war das erhabene Kaufhaus Hollenkamp, dessen Eingang zur Lützner Straße lag. Kaum hatte man die Tür hinter sich geschlossen, kam eine Angestellte oder ein Angestellter des Hauses schnurstracks auf den Kunden zu und erkundigte sich nach seinem Wunsch. Für mich als Steppke war das innerlich immer etwas unheimlich. Es war noch Kundenservice von der alten Schule. Man wurde zuvorkommend und freundlich bedient und hatte zufriedene Kunden.

Querte man die Lützner Straße, befand man sich auf dem nördlichen Fußweg, direkt an der stadtauswärtigen Haltestelle der Straßenbahn. Stieg ich als Heranwachsender aus der Bahn aus, stand ich direkt vor dem „berühmten" Geschäft des Herrn Erich Teske in der Lützner Straße 68. Neue und gebrauchte Möbel usw. sowie Reparaturen und Gebrauchtwaren war an der Fassade zu lesen. In der Auslage des Schaufensters lagen kleinere Artikel mit Preisausschilderungen. Und die machten mich stutzig, denn jeder Preis in Mark endete auf „9" (z. B. 79 Mark, 119 Mark). Das war ansonsten gar nicht üblich in der DDR. Heute kennen wir es wieder. Übrigens kursierte unter den Lindenauern der treffende Slogan: „Jacken, Schuhe, Mäntel, Weste – alles gibt´s bei Erich Teske."

Im Erdgeschoss des Eckgebäudes Lützner Straße 70 nebenan war der Einkaufsmagnet „Haus der 1000 Dinge", im Volksmund als „EPA" (nach der 1930 gegründeten Warenhausgruppe Einheitspreis AG) betitelt. Hier fand man wirklich fast

Lützner Straße, Kreuzung Merseburger Straße, 1962

alles, was man im Haushalt benötigte. Durch die Warenauslagen stromerte ich mindestens einmal in der Woche, entweder mit den Eltern, allein oder mit Freunden.

Am vierten Eckpunkt der Kreuzung, in der Merseburger Straße 77, befand sich ein Lebensmittelgeschäft mit den Waren des täglichen Bedarfs. Bewaffnet mit einem Einkaufszettel im Auftrag der Eltern schnappte ich mir am Eingang ein Körbchen und drehte meine Runde. Ziemlich schnell hatte ich alles beisammen, denn ich wusste, in welchen Regalen ich nachschauen musste. Um zwei Fliegen mit einer Klappe zu schlagen, ging ich noch ein Haus weiter in die Merseburger Straße 79, um beim Bäcker ein 3-Pfund-Brot zu kaufen.

STRASSENBAHN KRIEGT DIE KURVE NICHT

In den 1960er Jahren hatte das Straßenbahnnetz eine durchgehende Nummerierung der Linien von 1 bis 30. Da behielt man noch einen geordneten Durchblick im Gegensatz zur Gegenwart. Die Karl-Heine-Straße markiert vom

Felsenkeller her in westlicher Richtung die Südgrenze von Lindenau zum Ortsteil Plagwitz. Auf ihr fuhren in jenen Jahren die Linien 2 und 23 zur Endstelle Bahnhof Leipzig-Plagwitz. Durch die GutsMuthsstraße (stadtauswärts) und die Merseburger Straße (stadteinwärts) führte je eine Gleistrasse, beiden vereinten sich auf der Endersstraße und banden in die Lützner Straße ein. Die Leipziger Verkehrsbetriebe (LVB) nutzten diese Strecken nur bei notwendigen Umleitungen.

Es muss 1963 oder 1964 gewesen sein, als wieder einmal die Straßenbahnen vom Plagwitzer Bahnhof her umgeleitet werden mussten. Eine Bahn der Linie 23 hatte schon den linken Blinker gesetzt, um in die Merseburger Straße abzubiegen. In gemächlichem Tempo überquerte der Triebwagen die Weiche und schwenkte nach links. Im Scheitelpunkt der Kurve jedoch erklang ein Knirschen und die vordere Radachse verließ die Führung im Gleis. Nun bewegte sich der Triebwagen geradeaus, genau auf die Eingangstür der damaligen Apotheke im Eckhaus Karl-Heine-Straße 58b zu. Der Straßenbahnfahrer bekam aber den Wagen zum Stehen. Der Schaffner, der seinerzeit zum Alltagsbild gehörte, stieg aus einem der beiden Anhänger aus und sicherte auf der Karl-Heine-Straße das Zurücksetzen des Wagenzuges. Fahrer und Schaffner begutachteten die Gleise und stiegen wieder ein.

Karl-Heine-Straße kurz vor der Kreuzung Merseburger Straße, um 1940

Der zweite Versuch begann. Wieder verlief anfangs alles normal, bis der Scheitelpunkt erreicht war. Erneut sprang die Vorderachse aus den Schienen und der Triebwagen rollte über das Pflaster Richtung Apothekeneingang. Nach dem Stillstand ging das Ganze wieder retour. Nochmals schaute sich das Personal die Gleise genau an und schien etwas gefunden zu haben. Wie sagt man, aller guten Dinge sind drei. So geschah es und dieses Mal fand der Triebwagen die vorgegebene Richtung und fuhr die Merseburger Straße hinunter zur Endersstraße.

Blickt man heute über die asphaltierte Fläche, erkennt man die noch vorhandenen Gleise. Lediglich die Weichen und die angrenzenden Schienenstränge in beide Straßen hinein wurden später demontiert.

STOLLENBACKEN

Nahten die letzten Monate des Jahres, hieß es schon an die Adventszeit zu denken und an das Backen der Stollen. Immer wieder war es in den 1960er Jahren eine Rennerei, um an die notwendigen Zutaten für das begehrte Gebäck, u.a. Zitronat, Rosinen etc., zu kommen. Da musste meine Mutti oftmals ihre guten Beziehungen spielen lassen.

Waren alle Zutaten in der benötigten Menge beisammen, kam es zum Großkampftag in der Küche unserer Wohnung. Meine Eltern legten sich mächtig ins Zeug, bis der Stollenteig fertiggeknetet war. Meine Aufgabe bei der ganzen Zubereitung bestand nur darin, hier und dort mal zu naschen. Damit war die erste Phase der Stollenherstellung abgeschlossen. Für das Backen selbst war unsere Küche nicht geeignet. Damals war es nötig, die Dienste einer Bäckerei in Anspruch zu nehmen. Im Voraus, möglichst schon im Sommer, musste man einen Termin mit dem Bäckermeister vereinbaren. War der Tag gekommen, gingen meine Mutti und ich mit dem vorbereiteten Stollenteig, der vorsichtig in eine große Schüssel verpackt und auf dem Rollfix gesetzt wurde, zur Bäckerei in der Josephstraße 1. Dort angekommen, herrschte ein großes Gewusel in der Backstube, denn auch andere Leute brachten ihre zubereitete Teigmasse. Damit es später keine Verwechselungen gab, brachte man vorsorglich kleine flache Metallstreifen mit, auf denen der Name stand, die später vom Bäckermeister in die Stollenlaiber gesteckt wurden. Mit Kennerblick machte sich der Fachmann über die Teigmasse her und portionierte sie im Nu auf die gewünschte Größe, legte die Stollenrohlinge auf ein Blech und anschließend schob er sie in den Backofen hinein. Nun „mutierten" sie zu den richtigen Stollen.

Nach ein paar Stunden gingen wir wieder zur Backstube und konnten die fertigen Stollen strahlend abholen. Äußerste Vorsicht war geboten beim Verpacken und beim Transport, denn es sollte keiner der Stollen auseinanderbrechen. Zu Hause angekommen, wurden die noch warmen Stollen behutsam auf dem großen Kleiderschrank meiner Eltern im Schlafzimmer deponiert, damit sie kühl lagerten.

Das Stollenbacken vollzog sich sich zumeist Ende November/Anfang Dezember und als Knirps konnte man es kaum erwarten, dass es endlich Weihnachten werden würde und der erste Stollen in „feierlicher Zeremonie" angeschnitten wurde. Im Verlauf der ganzen Jahre, als wir das Stollenbacken betrieben, kam es auch vor, dass ein oder mehrere Stollen, wenn der Platz auf dem Kleiderschrank nicht ausreichte, gut und dicht verpackt im alten Küchenschrank in der Kellerbox bis Ostern, schlicht vergessen, dahinschlummerten. Um so größer war die Überraschung beim Finden. Der Stollen war mittlerweile so richtig durchgezogen und schmeckte noch besser als zu Weihnachten.

MUTTIS NÄHMASCHINE

Von Kindesbeinen an hatte sich meine Mutti Fertigkeiten in Handarbeiten aneignen müssen, da ihre Mutter, meine Oma, starb, als sie selbst zehn Jahre alt war. Sie und ihre Schwester, meine Tante Vera, mussten ab diesem Zeitpunkt alle anfallenden Näh-, Strick- und Häkelarbeiten selbst vornehmen. Deshalb war meine Mutti auch sehr versiert auf ihrer „Singer-Nähmaschine", die in der Stube zwischen den beiden Fenstern zur Lützner Straße, nach Süden ausgerichtet, stand. Das Rattern der Maschine war bereits auf dem Korridor zu hören, wenn man die Wohnung betrat. Da wusste ich, Mutti hat wieder zu tun und ist fleißig. Häufig saß ich neben ihr und schaute ihr zu, wie flink und mit sicheren Händen sie den Stoff unter der sich in rasendem Tempo auf- und abbewegenden Nadel hindurchschob.

Diese Nadel hatte in der Mitte eine Bohrung, durch die meine Mutti den Faden für das zu Bearbeitende einfädelte. Von unten her schob ein Bauteil durch eine Abdeckplatte rhythmisch und kontinuierlich den Stoff vorwärts. Die „Singer-Nähmaschine" bestand aus einer Metall-Konstruktion, auf der oberhalb die

Wilhelm-Liebknecht-Platz (heute Lindenauer Markt) mit der Nr. 16 (mit PKW auf dem Fußweg), 1964

Arbeitsfläche aus Holz so angeordnet war, dass man im Sitzen seiner Tätigkeit nachgehen konnte. An der Vorderseite befand sich ein ausklappbares Fach für Garne, Nadeln etc. Oberhalb der Nähmaschine war eine schwenkbare Lampe montiert. In Betrieb gesetzt wurde das Arbeitsgerät mittels eines Fußbretts, das mittig angebracht war und wie eine Wippe funktionierte. Über ein seitlich am Rahmen befindliches Schwungrad erfolgte die Kraftübertragung auf die Nähmaschine mittels eines Transmissionsriemens.

Wenn meine Mutti ihre Arbeit beendet hatte, nahm sie stets den Riemen vom Schwungrad, denn er brauchte nicht ständig unter Spannung zu stehen. So konnte man das Fußbrett leicht mit den Händen hin und her bewegen ohne dass sich oberhalb etwas tat. Das faszinierte mich als kleiner Junge. Denn nun konnte ich mich auf das Fußbrett setzen und ausgelassen hin- und herwippen. Das war wie auf der Kleinmesse. Hauptsache Mutti bekam davon nichts mit. Das Wippen klappte solange, wie ich zwischen Fußbrett und Arbeitsfläche bequem hineinpasste. Irgendwann stieß ich mit dem Kopf an irgendeiner Stelle des Rahmens immer wieder an und das vergällte mir den Spaß.

Nicht alles konnte Mutti an der Nähmaschine erledigen. Traten Löcher an ihren Dederonstrümpfen oder -strumpfhosen auf, dann schaffte sie das zu Reparierende an den Lindenauer Markt. Im dortigen Haus Nr. 16 war ein kleines Geschäft, direkt neben dem Briefmarkenladen, in dem die Sachen abgegeben werden konnten. Nach ein paar Tagen waren sie fertig und man machte noch einmal einen Spaziergang zu Lindenaus Drehscheibe.

Übrigens, in der 3. und 4. Klasse erhielten die Schüler in den Polytechnischen Oberschulen der DDR Unterricht im Fach Nadelarbeiten. Hier lernte ich Stilstich, Kreuzstich und Co. In heutigen Nähkästen finden sich sicher noch einige Nadelkissen von damals, die mit den unterschiedlichen Sticharten verziert sind.

BRIEFMARKEN

Auch mich erfasste das Sammeln der kleinen bunten Bildchen als Kind, Jugendlicher und Erwachsener in den 1960er und 1970er Jahren. Schon als Knirps hatte ich beizeiten mitbekommen, dass es am Lindenauer Markt 16 ein Geschäft gab, in dessen Schaufensterauslage nicht nur einheimische Briefmarken zu sehen waren, sondern immer wieder andere aus aller Welt. Inhaber dieses Geschäfts war Herr Manfred Behr, welcher auch als Briefmarken-Sachverständiger wirkte.

Mit etwa acht Jahren begann ich zu sammeln. Von Briefen weichte ich die Marken mit den unterschiedlichen Motiven ab, ließ sie, auf Löschpapier gelegt, trocknen und steckte sie danach in mein erstes kleines Sammelalbum. Schnell merkte ich, dass auf den Briefen meist immer die gleichen Marken waren, die sogenannte Dauerserie. Und die zeigte das Konterfei des Staatsratsvorsitzenden der DDR Walter Ulbricht in allen Farbschattierungen. Das war eintönig, denn das Gesicht in der Seitenansicht kannte man schon im Schlaf.

Die Motive der DDR-Briefmarken waren außerordentlich breit gefächert, z. B. Märchen, Blumen, und die Darstellungen waren sehr farbenfreudig. In den folgenden Jahren kaufte ich von meinem Taschengeld, soweit es langte, Briefmarken über die Raumfahrt, Leuchttürme und die Marken, die zu den Leipziger Messen herausgegeben wurden. Da war ich begeistert. Es ärgerte mich nur, dass es bei fast allen Sätzen einen Sperrwert gab, d.h. man hatte keinen vollständigen Briefmarkensatz, denn diese eine Marke trieb den Preis der Serie über das Limit meines Taschengeldes und ich musste verzichten.

Gebäude des ehemaligen Lindenauer Postamtes W 33, davor der kleine Platz mit Apelstein, 2022

Inzwischen hatte ich mehrere Sammelalben, da ich in den 1960er Jahren nach und nach auch ausländische Briefmarken mein eigen nannte. Besonders die ungarischen Emissionen hatten es mir angetan. Marken aus Polen, der damaligen ČSSR, Bulgarien, Rumänien und der UdSSR vervollständigten die kleine Sammlung. Aus Westeuropa hatte ich lediglich ein paar französische Briefmarken sowie spanische, britische und amerikanische.

Ende der 1960er Jahre hatten meine Eltern es geschafft, einen Sammlerausweis bei der Deutschen Post zu bekommen. Von nun an brauchte ich nur noch auf das Postamt W 33 in der Endersstraße 3 zu gehen und die neuen postfrischen Markensätze abzuholen. Irgendwann Anfang der 1980er Jahre verflachte allmählich das Interesse, zumal auch ständig neue Ausgaben in hoher Stückzahl auf den Markt geworfen wurden und andere Probleme den Alltag beherrschten. Trotzdem hat die Sammlung bis dato „überlebt" und die Weihnachtszeit ist immer ein passender Zeitpunkt, sich in aller Ruhe mit einem Blick in die Alben in die Vergangenheit zurückversetzen zu lassen und in Erinnerungen zu schwelgen.

SCHREIBMASCHINE „ERIKA“

Seitdem ich bewusst denken konnte, saß meine Mutti zu Hause ab und zu an der Schreibmaschine und „klimperte“ darauf herum. Den kleinen Steppke interessierten die seltsamen Geräusche und woher diese kamen. Sie war intensiv in das Schreiben vertieft und ich musste ruhig sein, konnte aber von der Ferne zuschauen. Fasziniert beobachtete ich den Arbeitsablauf vom Einspannen einer Papierseite über eine Rolle, das Einstellen auf den Anfang der Seite und dann fegte meine Mutti in einer Wahnsinnsgeschwindigkeit über die Tastatur und tippte Buchstabe für Buchstabe. Eine Zeile war im Nu bis zum Anschlag gefüllt. Dann betätigte sie links einen Hebel und der Wagen sauste nach rechts und gleichzeitig rückte das Papier um eine Zeile weiter. Und so ging es zügig Zeile um Zeile weiter und es dauerte nicht lange, bis die erste Seite voll beschrieben war. Meine Mutti beherrschte das sogenannte Zehn-Finger-System beim Schreiben in absoluter Vollkommenheit. Den Text las sie von einem Steno-Block ab.

Meine Mutti hatte neben dem Maschineschreiben die Stenografie, eine Kurzschrift, in ihrer Ausbildung gelernt und beherrschte sie perfekt, d.h. sie konnte z.B. die Rede eines Vortragenden in der Geschwindigkeit, in der er sprach, in die Schreibmaschine eintippen oder aufschreiben. Das fand ich sehr beeindruckend. Meist schrieb sie zu Hause Ingenieur- und Doktorarbeiten ab, noch zusätzlich zu ihrer eigentlichen Arbeit.

Reiseschreibmaschine „Erika“, 1957

Lustig war beim Schreiben anzusehen, wenn aus dem Wageninneren die Hebel hochschnellten, an deren oberen Ende die Lettern angebracht waren, den Buchstaben aufs Papier drückten und dann abfielen. Das ging rasend schnell. Da musste das „Timing“ schon stimmen, denn waren zwei Hebel gleichzeitig unterwegs, verklemmten sie sich. Damit überhaupt etwas auf dem Papier zu sehen war, war noch Farbe im Spiel. Zwischen dem Letter und dem Papier lief in einer

Führung ein Farbband, das diese Aufgabe erfüllte. Es gab schwarze, rote und schwarz-rote Bänder, auf Rollen aufgewickelt. Ähnlich wie beim Tonbandgerät existierte eine Auf- und eine Abwickelspule. Je nach Gebrauch kam aus den Bändern irgendwann keine Farbe mehr heraus. Also, man musste sich bevorraten.

Als ich in die 1. Klasse ging, nach und nach die 26 Buchstaben des Alphabets lernte, suchte ich sie auf der Tastatur der Schreibmaschine und merkte, dass diese gar nicht in der Reihenfolge des Alphabets angeordnet waren. Meine Mutti erklärte mir, dass jeder einzelne Buchstabe unterschiedlich häufig benötigt wird und dass nach dem erwähnten Zehn-Finger-System die Tasten danach gesetzt sind. Neben den Tasten für Buchstaben gibt es auch die für die Ziffern und die zusätzlichen Zeichen.

Rund zwei bis drei Jahre danach durfte ich als Heranwachsender unter Aufsicht mit meinen kleinen Händen auch mal an die Schreibmaschine. Klar, am Anfang ging es nur nach dem „Adler-Such-System" mit einem Finger. Bei Großbuchstaben war die Hochtaste zu drücken. Dabei wurde der Wagen leicht angehoben, weil auf jedem Hebel für Buchstaben die Groß- und die Kleinschreibweise ist. Auch auf den anderen Hebeln waren zwei Möglichkeiten, z. B. muss für ein Ausrufezeichen die Hochtaste über der 1 gedrückt werden. Das Betätigen der Hochtaste machte mir als Knirps Schwierigkeiten.

Weitere Jahre später schrieb ich dann, allerdings in meiner eigenen Art von Zehn-Finger-System, meine Abschlussarbeiten in der Berufsausbildung sowie die Diplomarbeit selbst. Da kam mir das Training über ein Jahrzehnt zugute und ich brauchte meine Mutti nicht unbedingt zu engagieren. Auch wenn es wesentlich länger dauerte.

Diese wunderbare Erfindung der Technik gehörte noch recht lange zum Inventar meiner Eltern. Da war bereits das Zeitalter der Computertechnik angebrochen. Meine Mutti war seit über 15 Jahren in Rente, als wir die „Erika" Anfang der 2000er Jahre im Möbel-Fundus abgaben. Vielleicht hat die „Erika" neue dankbare Besitzer gefunden.

AUTOKOLONNEN AUF DER LÜTZNER STRASSE

In den Jahren 1963 und 1964 herrschte eine einmalige Fußballeuphorie in dem vom Arbeitermilieu geprägten Leipziger Westen. Wieder einmal hatten sich die Verantwortlichen im DFV (Deutscher Fußball Verband der DDR) eine Reformierung der Leipziger Fußballlandschaft auf den Tisch gezogen. Um dem lahmenden Messestadtfußball einen entscheidenden Schub für die Zukunft zu verleihen, stellte man sich einen großen Eliteclub vor, in welchem die besten Kicker aus den bisherigen beiden Leipziger Oberliga-Mannschaften des SC Rotation und des SC Lokomotive auflaufen sollten. Die Guten ins Töpfchen, die Schlechten ins Kröpfchen, so die Devise. Die Genossen Funktionäre stampften den Eliteverein SC Leipzig aus dem Boden und die Schlechten brachten sie einfach bei der wieder auferstandenen BSG Chemie Leipzig unter. Unter diesen Voraussetzungen startete die Fußball-Oberliga in die Saison 1963/64. Der Unmut im Westen Leipzigs war nur zu verständlich.

In dieser Zeit besuchte ich die 42. POS in der Uhlandstraße. In der Klasse waren die Jungs, bis auf Ausnahmen, die mit Fußball nichts am Hut hatten, Chemie-Fans. Und wehe, einer ließ durchblicken, dass er Fan des Eliteclubs ist. Dann gab es blau(-gelbe) Flecke. In den Jahren, als ich in die 42. POS ging, „jobbte" zeitweise auch der Angriffsspieler Klaus Lisiewicz als Sportlehrer dort. Übrigens hatte ich Jahre später während der Berufsausbildung (1970–1973) Kontakt zum damals aktuellen Spieler der Chemiker, Frank Meschwitz, der, wie viele, von den „bewaffneten Streitkräften" dienstverpflichtet wurde. Auch die Jungs in meinem Wohnhaus Lützner Straße 86 waren grün-weiß, nur einer aus der näheren Umgebung war Fan des Gegners. Kuckuckseier gibt es immer wieder.

Während der Fußballsaison entpuppte sich die Elf der Schlechten als heißer Anwärter auf die Meisterschaft und so steigerten sich die Euphorie und die knisternde Spannung vor den letzten Begegnungen. Am vorletzten Spieltag stand die BSG Chemie Leipzig an der Tabellenspitze und es bedurfte noch eines Sieges in Erfurt, um DDR-Fußballmeister zu werden.

Am Morgen des 10. Mai 1964, einem Sonntag, an dem es auf der Lützner Straße gewöhnlich ruhig war, ging es immer geräuschvoller zu. Zuerst fuhr vereinzelt ein LKW, mit Schlachtenbummlern besetzt, von der Merseburger Straße her die Anhöhe via Erfurt hinan. Das steigerte sich zu ganzen Kolonnen, die von der Ladepritsche heraus die grün-weißen Fahnen schwenkten, laute Gesänge anstimmten und in ihre Schalmeien bliesen. Da musste ich natürlich aus dem 1. Obergeschoss auf den Fußweg, um das Treiben aus der Nähe zu verfolgen. Am Nachmittag hörte ich am Rundfunkgerät die Original-Konferenzschaltung aller sieben Oberligaspiele und war überglücklich, dass die Chemiker den damaligen SC Turbine Erfurt mit 2:0 bezwungen hatten und nach 1951 zum zweiten Mal Champion im Fußball der DDR wurden.

GROSSBRAND IM VEB LEIPZIGER GUMMIWERKE „ELGUWA“

Von den Ferienspielen, die in den Sommerferien für die Schüler veranstaltet wurden, war ich an diesem Donnerstag, dem 30. Juli 1964, gerade nach Hause gekommen, als ich im Wohnzimmer von der Lützner Straße her durch die geschlossenen Doppelfenster aufgeregte Rufe hörte. Ich ging zum Fenster und blickte nach unten, sah nichts, vernahm aber in den Augenwinkeln an diesem sonnigen Tag irgend etwas Dunkles. Da bemerkte ich über der gegenüberliegenden Häuserzeile, dass schwarzer Qualm aufstieg. Ich öffnete das Fenster und hörte im Hintergrund die Sirenen der Feuerwehrfahrzeuge. Es muss also etwas Furchtbares geschehen sein. Aufgeregt diskutierten auf dem Hof einige Personen und die Beschäftigten der „Drahtbürstenbude“ im Hinterhof blickten gen Himmel. Die Rauchschwaden wurden immer gewaltiger. Ein paar Hausbewohner erklommen vom Trockenboden aus die Leiter zur in der Mitte ebenen Dachfläche unseres Wohnhauses und beobachteten von hier aus das Ausmaß des Infernos. Ich durfte von der oberen Sprosse der Leiter hinausschauen.

Unser Haus liegt keine 500 Meter Luftlinie von dem Brandherd entfernt und die aus dem Gebäude herausschlagenden Flammen und der dicke schwarze Rauch, der sich zu einer mächtigen, weithin sichtbaren Rauchsäule formte, verdunkelte die Sonne total. Die Löscharbeiten dauerten den ganzen Nachmittag und Abend an.

Als Ursache des verheerenden Brandes stellte man später fest, dass sich bei der Verarbeitung von Gummilösungen bei deren Eintrocknen Lösungsmitteldämpfe bilden, die ein Gas-Luft-Gemisch entstehen lassen. Ein kleiner Funke reicht aus, um die beim Arbeitsprozess elektrostatisch aufgeladenen Gummiplatten nur durch Berührung zu zünden. Bei diesem Großbrand verletzten sich zehn Personen, sechs davon wurden stationär behandelt. Bei einem von ihnen bestand sogar Lebensgefahr, weil er aus einem Fenster des 2. Obergeschosses sprang, sich Knochenbrüche und innere Verletzungen zuzog. Noch einige Monate war dieses Ereignis Gesprächsthema in Lindenau.

SPEICHERSILO AM LINDENAUER HAFEN EXPLODIERT

Zwei Jahre danach steht Lindenau abermals in den Schlagzeilen. An der Kaimauer des Hafenbeckens entstanden in der Zeit des Dritten Reiches drei imposante Speichergebäude aus einer Stahlbeton-Skelett-Konstruktion für den damaligen Reichsnährstand. Das nördliche der drei Silos wurde zwischen 1939 und 1949 errichtet und diente zur Einlagerung von Getreide für die Zivilbevölkerung. Nach dem Zweiten Weltkrieg wurde ein Teil des Bauwerks als Ölmühle betrieben.

Am 14. Mai 1966, einem Samstag, kurz vor 3 Uhr, war die Nacht in der morgendlichen Dämmerung für viele Lindenauer schon beendet oder zumindest kurzzeitig unterbrochen. Ein nicht zu überhörender gewaltiger Knall riss die Schlafenden aus ihren Träumen. Auch meine Eltern und ich schreckten in den Betten hoch. Keiner konnte sich im Moment einen Reim darauf machen. Am Samstag ging es dann wie ein Lauffeuer durch Lindenau, dass es am Hafen vermutlich zu einer Staubexplosion gekommen war und ein Teil des Gebäudes

Zerstörter Teil des nördlichen Silos am Ende des Lindenauer Hafenbeckens, 2015

komplett weggesprengt wurde. Über mögliche Todesopfer bei dieser Katastrophe habe ich später nichts gehört. In den folgenden Tagen setzte ein regelrechter Massentourismus ein. Jeder wollte sich ein eigenes Bild von dem Ungemach verschaffen.

Bis 1989 wurde der intakte Bereich des Silos als Lager genutzt. Seither ist das schwer beschädigte Gebäude nicht wieder instandgesetzt worden und bietet bis heute einen recht schauerlichen Anblick. Vielleicht ist es als Mahnmal gedacht?

VOLLTREFFER IN DIE FENSTERSCHEIBE

Noch eine Woche und dann beginnen die Sommerferien 1964. Neben der Freude über fast zwei Monate ohne Schule schwingt das bange Gefühl mit, ob denn die Noten auf den „Giftblättern" den Vorstellungen der Eltern entsprechen. So sinnierte ich in meinen Gedanken als Halbwüchsiger, als sich am Montagnachmittag die Kinderschar noch einmal vor der langen Ferienzeit auf unserem Hof zum Herumbolzen traf, denn es hing bei dem herrlichen Sommerwetter keine Wäsche.

Je nachdem, wie viele da waren, stellten wir die Mannschaften zusammen. Meist bestanden sie aus einem Torwart sowie einem oder zwei Feldspielern. Da wurden auch schon mal Turniere mit Halbfinale und Endspiel wie bei den Großen gespielt. Die Tore waren die Teppichklopfstange und die Fassade des Lagergebäudes der Firma Bitter & Franz. Die große Gefahr, dass beim Ballspiel etwas entzwei gehen konnte, war stets präsent. Beim Lagergebäude mit der Holztür und einer Fensteröffnung aus Glasziegeln war es unproblematisch. Aber die Fensterscheiben vom Waschhaus, links daneben, waren bedroht. Bei der Teppichklopfstange und der Holzwand dahinter konnte jedoch nichts passieren.

Hin und wieder kam es vor, dass beim Spiel ein Schuss über die Holzwand auf Nachbars Grundstück landete. So lange der Herr Rurack nicht zugange war, kletterten wir über die Mauer rechts neben der Klopfstange und holten uns den Ball. Bekam er aber unser Treiben mit, dann schnappte er sich wutschnaubend und schimpfend den Fußball. Meist ein oder zwei Tage später bekam ich ihn mit reumütiger Miene zurück, nicht ohne um die Gardinenpredigt zu kommen.

An diesem Nachmittag herrschte beim Fußball richtig Hochbetrieb und ein Hausbewohner ermahnte uns kurz wegen der offensichtlichen Lautstärke, die wir verbreiteten. Wir spielten wieder ein Turnier aus, denn der Sommermeister musste gekürt werden. Die Spieler einer Mannschaft schlüpften jeweils in die Rolle eines Vertreters der DDR-Oberliga. Gerangel gab es, wenn man unter der BSG Chemie Leipzig auflaufen wollte. Als Stadtrivale jedoch trat keine Mannschaft in unserer Runde an, dann eher noch unter ASK Vorwärts Berlin.

Leider musste das Turnier aufgrund eines „Vorkommnisses“ vorzeitig beendet werden. Es war im zweiten Halbfinalspiel, als ich mit meinen zwei Mitstreitern alias BSG Wismut Aue den Gegner schon auf die Verliererstraße geschickt hatte und das Spiel nicht mehr lange dauerte. Bei der Abwehr eines gegnerischen Angriffs bekam ich den straff geschossenen Ball so an das Bein, dass er als elegante Bogenlampe, eine neue Richtung suchend, sich das Treppenhausfenster zwischen Erdgeschoss und 1. Obergeschoss als Ziel auserkoren hatte. Und das Glas des rechten Fensterflügels gab nach und es scherbelte mächtig.

Ruck zuck, sprintete die Kinderschar durch die Hausdurchfahrt zur Lützner Straße davon und auf die Balkone traten plötzlich ein paar neugierige Zuschauer. Im Nu war Frau Lange, unsere Nachbarin aus der Mittelwohnung des 1. Obergeschosses, die „Bild-Zeitung des Hauses“, die halbe Treppe herunter am Tatort. Ich stand da wie ein begossener Pudel und stellte erst einmal meinen Ball sicher.

Meine Mutti, inzwischen vom Treiben ihres Sprösslings durch die „Bild-Zeitung“ informiert, war traurig, gab mir einen Eimer, Kehrschaufel sowie Besen und gemeinsam sammelten wir die Scherben zusammen. Das Dumme an der ganzen Angelegenheit war, dass wir Ende der Woche in Urlaub fahren wollten. Nun dies. Und mein Vater war noch nicht von der Arbeit aus Stötteritz zurück. Als er eintrudelte, berichtete ich ihm demütig von meinem Volltreffer. Ich merkte, dass es in ihm kochte. In recht ruhigem Ton erklärte er mir, dass ich den Schaden von meinem zukünftigen Taschengeld zu bezahlen habe. Er nahm den Fensterflügel aus dem Rahmen, damit sich bis zum nächsten Tag niemand an den Fragmenten verletzen konnte.

Tags darauf schnappte er mich am Nachmittag und wir gingen zusammen mit dem Fensterflügel zu einem Lindenauer Glasermeister. Der besah sich das Ungemach und meinte, dass wir das reparierte Bauteil am Freitag abholen können – einen Tag bevor wir in den Urlaub nach Borsberg bei Dresden starten wollten. Da fiel mir ein Stein vom Herzen. Und auch das Zeugnis fiel zur Freude meiner Eltern gut aus.

EISENBAHNWAGGONS AUF DER LÜTZNER STRASSE

Als Stift musste ich bis Mitte der 1960er Jahre verwundert feststellen, dass die Deutsche Reichsbahn nicht nur ihr eigenes Gleisnetz nutzte, sondern auch die Straßen durch die Messestadt. Der Grund dafür ist mir auch heute noch nicht so recht plausibel, man sollte wohl einmal einen altgedienten Eisenbahner fragen. Die Transporte fanden regelmäßig statt, mit einer Zugmaschine voran und im Schlepptau ein Tieflader mit einer Unmenge an Rädern. Darauf war ein Waggon, zumeist einer für Schüttgüter, jedoch leer, oder ein Kesselwaggon arretiert. Das hatte schon etwas Monsterhaftes an sich.

War wieder ein Transport von der Merseburger Straße her im Anzug, fühlte man sich wie bei einem heranziehenden Erdbeben, das immer stärker wird. Beim Blick aus einem der beiden Wohnzimmerfenster konnte ich den herannahenden Verbund sehr gut beobachten, der Überbreite hatte und mit Rundumleuchten gekennzeichnet war. Je näher das Gespann heranrückte, um so stärker wurde das Vibrieren des Holzfußbodens im Wohnzimmer. Auch die Gläser in der Vitrine begannen leise zu klirren. Es fühlte sich schon beängstigend an. Nachdem die tonnenschwere Last vorübergerollt war, klangen die Vibrationen allmählich ab. An der Wohnzimmerdecke schaukelte der Kronleuchter noch eine geraume Weile weiter, bis er seine Grundstellung wieder eingenommen hatte. Das künstliche Erdbeben war vorbei. Also, bis zum nächsten Mal.

DIE KOHLENMÄNNER KOMMEN

Wenn im Sommer „der Planet prasselte“, hieß es die Briketts für den nächsten Winter, der garantiert kommt, zu bestellen. Unsere Kohlenhandlung befand sich an der Ecke Cranachstraße/Karl-Ferlemann-Straße. Von unserer Wohnung in der Lützner Straße 86 waren es nur ein paar Minuten zu Fuß durch die gesamte Cranachstraße. Der Brennstoff war limitiert, denn alle in unserer unmittelbaren Wohngegend hatten noch Ofenheizung und keiner wollte in den kalten Winterperioden der 1960er Jahre frieren. Aber man musste beizeiten bestellen. Es kam vor, dass es im Herbst Engpässe in der Belieferung gab. Mit einem Termin und der Zusage für die zu liefernde Menge an Briketts gingen meine Mutti und ich nach Hause.

Als sich der ersehnte Tag näherte, begann mein Vater im Keller „Baufreiheit" zu schaffen. Unsere Kellerbox hatte glücklicherweise ihr Fenster zur Straßenseite und nicht zum Hof. Zuerst schichtete er die übrig gebliebenen Briketts aus dem Vorjahr, soweit sie nicht zerbrochen waren, an der Wandseite zum Nachbarkeller ordentlich auf. Dann überprüfte oder erneuerte er die Abgrenzung aus Holzbrettern quer zur Kellerbox für die Briketts, denn diese sollten beim Schütten durch das Fenster nicht bis zur Kellertür vor poltern, weil im vorderen Teil ein alter Küchenschrank stand, in dem z.B. Eingewecktes deponiert war, und der Hackeklotz für das Zerkleinern des Brennholzes.

Mit Zugmaschine und Anhänger rückten die Kohlenmänner an und konnten auf dem breiten Fußweg vor dem Haus gut parken. Als erstes wollten sie natürlich wissen, wo der Keller sein Fenster hat. Nannte man die Straßenseite, huschte ein Lächeln über die schwarz verschmierten Gesichter, denn sie brauchten die Kiepen nicht den langen Weg durch die Hausdurchfahrt in den Hof hinein zu buckeln. Die Heckklappe des Anhängers wurde heruntergelassen, auf der Ladefläche waren die Kohlen bzw. Briketts zu sehen und die Waage. Auf diese stellten die Kohlenmänner die Kiepen und beförderten das schwarze DDR-Gold hinein bis zu dem Punkt, an dem die Waage im Gleichgewicht stand, d.h. der Inhalt der Kiepe mit einem Zentner (50 kg) stimmte überein mit den Gewichten auf der anderen Seite der Waage. Der Inhalt, Kiepe für Kiepe, purzelte durch das Fenster in die Kellerbox. Bei jeder Kiepe wurde ein Brikett auf das Fensterbrett im Erdgeschoss gelegt. So wurde gezählt.

Meine Eltern hatten Hochachtung vor diesem schweren Job und auch keine Probleme mit den schwarzen Männern. Nachdem alle Briketts im Schlund des Fensters verschwunden waren, wurde – ohne Karte – bezahlt und es gab jedes Mal auch Trinkgeld und eine Flasche mit würzigem Inhalt zum Herunterspülen.

Nachdem das Kohlenfahrzeug weitergezuckelt war, musste der Gehweg vom Kohlendreck gesäubert werden. Da passten schon die Hausgemeinschaft und auch die Anwohner auf der gegenüberliegenden Straßenseite sehr genau auf. Seine Hinterlassenschaften einfach so liegen lassen, wie heute, war damals undenkbar.

Jedes Mal war man gespannt, wie es nach der Aktion in der Kellerbox aussehen wird. Beim Betreten hing noch der Staub in der Luft. Die Abgrenzung hatte den Attacken standgehalten und dahinter türmte sich ein beachtlicher Berg an Briketts. Ein Blick in den Küchenschrank: Die Einweckgläser hatten alle eine schwarze Schicht obenauf.

Wenn die langersehnten Sommerferien in der ersten Hälfte der 1960er Jahre anbrachen, durften wir als Kinder allein mit den Straßenbahnen und Bussen der Leipziger Verkehrsbetriebe (LVB) fahren. Manchmal wählten wir als Ziel das Sommerbad Kleinzschocher. Um dahin zu gelangen, fuhren wir mit dem Oberleitungsbus (O-Bus) der Linie A vom Bushof Lindenau an der Saalfelder Straße. Der Wagenzug bestand aus einem Zugfahrzeug und einem Anhänger.

Wenn der Wagenzug an der Abfahrtsstelle einfuhr, beeilten wir uns, dass wir die vordere Bank im Anhänger erobern konnten. Von hier hatte man nämlich einen phantastischen Blick auf die beiden Stromabnehmer, die in den zwei parallel geführten Oberleitungen einhakten. Als es losging, schauten wir, besonders bei Kurvenfahrten in die Naumburger Straße oder die Antonienstraße, nach oben, wie die Stromabnehmer hin- und herschwenkten. Von Beiden ging kurz unterhalb der Stromleitung jeweils ein Kabel zur Rückseite des Zugfahrzeuges in eine verdeckte Aufwicklung. Die Abnehmer waren so konstruiert, dass sie an die Stromleitungen gedrückt wurden. Auf unserer Fahrt näherten wir uns

Oberleitungsbus mit Anhänger am Plagwitzer Bahnhof, 1972

dem Knotenpunkt Adler. Nun war unsere volle Konzentration gefragt, denn fast jedes Mal beim Überfahren der Kreuzung flog einer der Stromabnehmer aus der Führung. Das war auch kein Wunder, wenn man sich das Knäuel aus Oberleitungen von Straßenbahnen und dem O-Bus am Adler betrachtete. Da stand das Busgespann mitten auf der Kreuzung. Der Busfahrer kam aus seiner Kabine mit einer langen Stange und fädelte den herausgesprungenen Stromabnehmer wieder in die Oberleitung ein. Für uns Kinder war das jedes Mal ein Schauspiel und wir sprachen noch lange darüber.

Die Lindenauer Kinder hatten im Sommer viele Möglichkeiten baden zu gehen. Beliebt und zu Fuß zu erreichen war das Prießnitzbad, in der Kleingartenanlage „Priessnitz-Morgenröte". Aber auch der Auensee war nicht zu weit entfernt. Man fuhr mit der Straßenbahn bis zur Endstelle in der Plautstraße und stieg um in den Doppelstockbus der Linie W. Natürlich flitzten wir mit flinken Füßen hoch ins obere Stockwerk und ergatterten uns die erste Bankreihe mit bestem Ausblick für die kleine Reise. Sie führte durch die Plaut- und die Schomburgkstraße noch auf Lindenauer Flur. Besonders schaukelte der Bus, wenn er von der Ludwig-Hupfeld-Straße auf die Brücke im Zuge der Georg-

Doppelstockbus der Linie P, um 1970

Schwarz-Straße links einschwenkte und nach ein paar Metern nach rechts in die Straße Am Ritterschlößchen abbog. Von hier aus kann man die Heimstätte der BSG Chemie Leipzig, den Alfred-Kunze-Sportpark, sehen. Vorbei am Bahnhof Leutzsch durch den nördlichen Auwald auf der Gustav-Esche-Straße stiegen wir am Haus Auensee gutgelaunt aus dem Bus und stürzten uns wenig später in die Fluten des Auensees.

Vom Bushof Lindenau verkehrte auch noch eine zweite O-Bus-Linie, die Linie B nach Markranstädt. Mit diesem Bus ging es die Lützner Straße entlang in westliche Richtung. Nach dem Passieren der einmündenden Plautstraße, an deren Ecke damals die „letzte" Tankstelle war, fühlte man sich beim Herausschauen aus dem Fenster wie auf dem weiten Land. Linkerhand tauchte die damalige Kleingartensparte „Am Hafen" auf und kurze Zeit später sah man zur gleichen Seite den „Übungsacker" mit Eskaladierwänden der in Schönau stationierten Einheiten der Sowjetarmee. Beim Blick nach rechts waren die Kasernenbauten nicht zu übersehen.

In Erinnerung geblieben sind mir später die höchst professionell gesetzten Antennen auf den Dächern der Offiziersgebäude. Es hieß, die Masten wurden hergenommen und einfach durch die Dachziegel hindurch gerammt und auf sibirische Art befestigt.

Auf der Lützner Straße rollte der Bus nun weiter auf Miltitz zu, bog nach rechts ab, fuhr durch den Ort und kehrte auf die heutige B 87 zurück. Schaute man nach links, blickte man in ein riesiges, gähnendes Loch, den Tagebau Kulkwitz. Über die 1960er Jahre hinweg ließ sich gut beobachten, wie sich die stillgelegte Grube nach und nach mit Wasser füllte. Ein guter Pegel waren die Bermen, die an den seitlichen Flanken in die Grube führten.

HNO-ARZT DR. BÜHL IM FRIESENKRANKENHAUS

Als ich mit dem 3. Schuljahr von der 45. POS in die 42. POS wechselte, bekam ich kurioserweise regelmäßig Mandelentzündungen. Anfangs waren die Verläufe noch erträglich, aber bis zur 5. Klasse wurden sie häufiger, intensiver und die Intervalle verkürzten sich. Schließlich pegelte sich ein Rhythmus von 14 Tagen ein, d.h. 14 Tage gesund, 14 Tage krank. So eine Menge an Unterrichtsausfall war natürlich nicht dienlich.

Es wurde entschieden, dass ich im April 1965 zu einer Kur in das Kindererholungsheim in Wiek auf Rügen geschickt werde. Vier Wochen dauerte der Aufenthalt und ich blieb gesund. Als ich zurück war, erfolgte einige Tage darauf die Mandeloperation. Das Ganze war für mich unheimlich und das große Krankenhaus tat sein Übriges. Ich wurde in ein Doppelzimmer verfrachtet. Mein Mitinsasse war ein junger Mann, der viel las. Am Einlieferungstag untersuchte mich Dr. Bühl, Hals-Nasen-Ohren-Arzt. Er versuchte mich ablenkend aufzumuntern. Der Folgetag brachte nun die große Operation. Es muss Vormittag so gegen 10 Uhr gewesen sein, als ich samt rollendem Bett in den Vorraum des OP-Zimmers geschoben wurde.

Dort saß ich eine gefühlte Ewigkeit auf einem Stuhl mit dem Blick zur Tür, hinter der das Ungemach lauerte. Plötzlich flog die Tür auf und eine Schwester geleitete mich in den verdunkelten Raum zum OP-Stuhl. Nichtsahnend wurden meine Füße mit den Stuhlbeinen zu einer Einheit und auch die Arme konnte ich nicht mehr frei bewegen. Wahrscheinlich gab es schon „Fluchtversuche“ von jungen Patienten. Die OP-Schwester stand hinter dem Stuhl und hielt während des Eingriffs meinen Kopf in Ruhestellung. Dr. Bühl sortierte im Hintergrund seine Instrumente und sprach in ruhigem Ton zu mir. Dann wurde es ernst. Mit einem Stirnreflektor auf dem Kopf näherte er sich mir und schaute prüfend in meine Mundhöhle. Dann machte er sich an die Befüllung der Betäubungsspritze. Jetzt begann das Grauen. Die Spitze der sicher 15 cm langen Spritzennadel stach er mir in die erste der beiden Gaumenmandeln. Das Geräusch des Eindringens habe ich noch immer im Ohr abgespeichert. Es folgte die zweite Gaumenmandel. Nun waren jedoch noch die Rachenmandeln an der Reihe. Die Betäubung schien recht schnell einzusetzen.

Er kontrollierte es sorgfältig und nun begann der zweite Akt. Mit einer Art Säge begann er nach und nach die vier „Bauteile“ herauszuraspeln. Die OP-Schwester hielt eine Nierenschale vor meine Brust und irgendwann machte es das erste Mal platsch und die erste Mandel landete in der Schale. Die anderen drei folgten ihr nach. Zwischenzeitlich musste ich mich leicht räuspern und prustete dem Doktor einen Schwall Blutspritzer auf seine abwaschbare OP-Schürze. Während der Operation kam mir jegliches Zeitgefühl abhanden, aber sicher dauerte der Eingriff mehr als eine halbe Stunde.

Nach der überstandenen OP schaffte ich mit vorsichtiger Unterstützung die paar Schritte bis zum Bett. Jetzt war ich völlig erledigt und muss auch gleich

Ehemaliges Friesenkrankenhaus an der Friesenstraße, um 2006

eingeschlafen sein. Als ich erwachte, war ich jedenfalls auf dem Zimmer. Mein Zimmernachbar schaute mich mitfühlend an, machte mir Mut und meinte: „Ich hab´s auch hinter mir."

Einige Tage verbrachte ich noch im Krankenhaus. An den ersten zwei Tagen vermied ich es zu schlucken, denn das war höchst unangenehm. Das Hungergefühl schien ebenso auf Null heruntergefahren zu sein. Zur Kühlung bekam ich danach Eis und allmählich ging es bergauf. Im Bett verschlang ich jeden Tag die Zeitung, denn es lief zu diesem Zeitpunkt die Internationale Radfernfahrt für den Frieden, kurz die Friedensfahrt. Und es kam der Tag der Entlassung aus dem Friesenkrankenhaus. Dr. Bühl untersuchte mich zuvor noch genau und wünschte mir alles Gute und dass wir uns nicht noch einmal im Operationssaal begegnen müssen.

Eigentlich wurde in den 1960er Jahren bei Kindern, ich war 11 Jahre alt, diese Operation nur in Ausnahmefällen vorgenommen, denn die Mandeln sollen Krankheitskeime vor dem Eindringen in den Körper abhalten. So die Lehrmeinung. Da aber meine Vorgeschichte doch extrem war und schon an Diphtherie grenzte, mussten die Mandeln weichen. Und – dreimal Holz – bis zum heutigen Tag habe ich in dieser Richtung Ruhe.

KONSUMMARKEN

Als Kind fand man es ungemein aufregend, wenn es soweit war, die übers Jahr gesammelten Konsummarken in das dafür vorgesehene Heft einzukleben. Damals wird es wohl nicht allzu viele Lindenauer gegeben haben, die nicht diesem Hobby frönten. Das ganze Jahr über bekamen die Mitglieder der Konsumgenossenschaft für ihre laufenden Einkäufe kleine Rabattmarken in Höhe des Kaufbetrages bei der Bezahlung ihrer Einkäufe ausgehändigt. Diese gab es in unterschiedlichen Werten: 1 Mark, 5 Mark und 10 Mark. Anfangs wurden auch noch Marken zu 20 Pfennigen ausgegeben, die später entfielen. Dafür rückte die Ausgabe von Marken im Wert von 50 Mark nach. Das Markenheft hatte vorgedruckte Seiten für die einzelnen Werte, damit die „Sortenreinheit" gewährleistet war.

Ich begab mich häufig mit Einkaufszettel und Geld, im Auftrag von Mutti, in die Konsumfiliale in der Lützner Straße 106. Mit dem Rückgeld erhielt ich von der Kassiererin auch die Konsummarken. Kauften meine Eltern z.B. technische Artikel im „konsument am brühl", im Volksmund die „Blechbüchse" genannt, „regnete" es allerhand Marken, ganze Streifen mit jeweils zehn Stück.

Die kleinen, farblich verschiedenen Papierschnipsel mit dem Aufdruck des Wertes wanderten nach den Einkäufen in irgendein Behältnis. Jeder hatte da seine individuelle Lösung. Anfang eines jeden Jahres, meist im Januar, bat der Konsum um die Rückgabe der Hefte. Nun wurde die große Sammlung aus der Blechdose auf einem genügend großen Tisch ausgebreitet. Zumeist saß ich mit den Eltern am Tisch und wir gingen zusammen ans Werk.

Als erster Arbeitsschritt erfolgte die Sortierung der Werte, als zweiter ging es ans Einkleben. Die Marken hatten auf ihrer Rückseite eine Gummierung, die musste angefeuchtet werden, um sie einkleben zu können. Wir hatten dazu einen in Bürokreisen genutzten Schwamm als Anfeuchter, damit nicht jede Marke angeleckt werden musste. Das schmeckte nämlich nicht sonderlich gut und so ging wesentlich schneller vonstatten.

Manchmal war es erforderlich, wenn die Seiten nicht ausreichten, dass weitere, selbst zurechtgeschnittene, eingeklebt wurden. Waren alle Marken im Heft, folgte Schritt drei. Meine Mutti errechnete die Beträge pro Markenwert. Wie bei den richtigen Buchhaltern kontrollierte mein Vater die Zwischenergebnisse. Am Ende wurden die Summen auf einem Blatt im Heft eingetragen und zum Gesamtergebnis addiert.

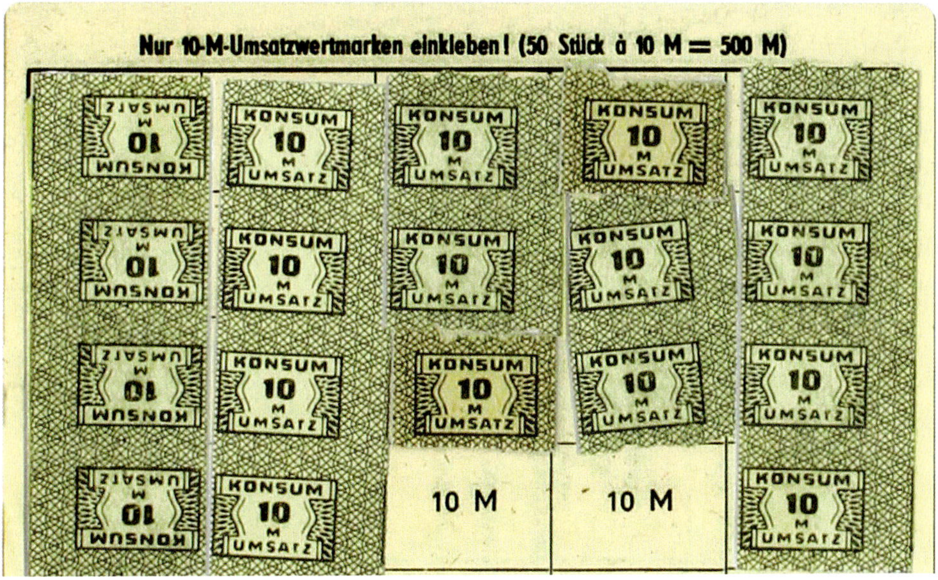

Eingeklebte Konsum-Marken, um 1965

Innerhalb eines von der Konsumgenossenschaft festgelegten kurzen Zeitraums waren die Hefte im Hinterhaus der Lützner Straße 106 abzugeben. Dort musste man anstehen, aber das war der DDR-Bürger ja gewöhnt. War man dran, übergab man als Konsummitglied einer oder einem Angestellten das Markenheft, das kurz mit kritischem Blick überflogen wurde, ob alles richtig geklebt ist, und das wurde dann quittiert. Im Laufe des Jahres erfolgte schließlich die Rückvergütung für das Sammeln im Vorjahr.

SÄGESPÄNE FÜR DIE WEISSE MAUS

Es kommt schon vor, dass man unverhofft zu seinem „Glück" kommt – wie man es nimmt. So geschehen in der zweiten Jahreshälfte von 1965. Mein Klassenkamerad Lothar Christel, mit Spitznamen „Jesus", hatte sich spontan, wie Kinder oft sind, im Zoologischen Fachgeschäft in der Georg-Schwarz-Straße 9 – neben dem Uhren- und Schmuckladen Siegfried Schöbel – eine weiße Maus gekauft. Das stieß wohl auf massive Ablehnung bei seinen Eltern und er kreuzte tief betrübt mit seinem Schuhkarton in der Jungsmeute auf und fragte schon fast flehentlich herum, wer ihm das Tierchen abnehmen würde. Einige hatten schon ein Haustier, aber keiner eine Maus. Dann wandte er sich mir zu und ich ließ mich überrumpeln. Quietschvergnügt kam ich mit dem Schuhkarton plus Maus zu Hause an. Meine Eltern waren allerdings auch nicht gerade begeistert, wie die meines Namensvetters. Wir schlossen jedoch einen Kompromiss, d.h. dass ich ein Aquarium als Dauerunterkunft besorgen sollte, denn aus dem Schuhkarton würde die Maus an irgendeiner Ecke ausbüxen, womöglich nachts. Und ich war verantwortlich für das putzige Nagetier.

Gleich am nächsten Tag ging ich in die Zoohandlung und kaufte von meinem Taschengeld ein Exemplar, dass rund 30 cm lang, 25 cm tief und 25 cm hoch war. Jedoch ins leere Glas konnte ich die Maus nicht lassen. Es mussten Sägespäne her. In der Lützner Straße 83 im Hofgebäude hatte die Kistenfabrik Rehwagen ihren Sitz. Mit einem Schuhkarton unter dem Arm fragte ich, ob ich Sägespäne bekommen kann. Und so wurde ich zum Dauerabnehmer der Holzabfälle.

Glücklich setzte ich mein Mäuschen in das mit Spänen ausgelegte Aquarium. Darin war in einer Ecke eine ausrangierte Kunststoffdose, aus der ein Zugang

Zoologisches Spezialgeschäft, Georg-Schwarz-Straße 9, um 1965

herausgeschnitten war, und so konnte sich das Tierchen zur Siesta zurückziehen. Neben der Unterkunft waren zwei Näpfchen. Eines für feste, das andere für flüssige Nahrung. Sonnenblumenkerne und Milch mochte die Maus am meisten. Dies musste ich auch selbst besorgen oder daran denken, wenn ich mit Mutti einkaufen ging. An der der Unterkunft gegenüberliegenden Ecke des Glases hatte ich das Laufrad platziert. Um zu verhindern, dass die Maus aus dem Glas gelangen könnte, hatte ich die Grundplatte von einem Baukasten als oberen Abschluss darauf gelegt und beschwert.

Besonders meine erste Maus hatte an dem Laufrad einen Narren gefressen. Sie wird sicher einige Kilometer darin zurückgelegt haben. Das Mäuseglas stand in der Küche und wenn ich mit meiner Mutti hier war, schauten wir zur Maus hinüber, wenn sich das Mühlrad mal nicht drehte. Da saß das niedliche Tierchen im Rad und putzte sich. Ich konnte ihrem Treiben stundenlang zuschauen. Leider hatte die Maus irgendeine Krankheit und verstarb nach nur einem Jahr. Da kamen die Tränen.

Kurze Zeit später hatte ich wieder eine Maus im Glas. Eine Etage über uns wohnte der gleichaltrige Dirk Schwarz. Er legte sich, inspiriert von mir, ebenfalls eine weiße Maus zu. Auch er musste sich um ein Aquarium kümmern, so dass seine Maus vorübergehend bei meiner Nr. 2 im Glas hockte – und nicht nur das. Obwohl in der Zoohandlung nur Männchen verkauft wurden, war etwas schief gelaufen und Tage später die Bescherung perfekt. Ein halbes Dutzend kleiner, zuerst nackter und blinder Mäuslein kuschelten sich um Dirks Haustier. Nachdem die Neugeborenen Fell angesetzt hatten, nahm die Zoohandlung den Wurf an.

Vor der Küche hatte die Wohnung noch einen kleinen Balkon (ca. 1,5 m x 1,5 m), den wir bei schönen Wetter ausgiebig nutzten. Dort ließ ich auch die zweite weiße Maus in den warmen Monaten häufig auf dem Fußboden herumkrabbeln. Beide Mäuse untersuchten alles sehr genau. Dort baute ich ihnen mit Bauklötzern Irrgänge.

Nahte die Weihnachtszeit, baute mein Vater die Modelleisenbahn (Spur HO) im Wohnzimmer auf. Die Grundplatte bestand aus zwei Teilen und maß insgesamt 2,5 m x 1,5 m. Irgendwann kam ich auf die Idee, der Maus die Eisenbahn zeigen zu müssen. Aber davon schien sie nichts zu halten. Als ich die Maus dann noch in einen offenen Waggon setzte, fuhr sie ein paar Meter mit und stieg während der Fahrt aus. Das war ihr alles nicht geheuer und sie verschwand im kleinen Tunnel. Vollends von der Rolle war der kleine Nager, als eine Dampflok durch den Tunnel rauschte. Sie kam dahinter rausgeflitzt und hatte im Tunnel Ballast abgelassen.

Als sich nach ca. 1½ Jahren Lebenszeit schließlich auch Maus Nr. 2 verabschiedete, kullerten wieder die Tränen und der kleine Zoo wurde für immer geschlossen.

WASCHHAUS UND WÄSCHEROLLE

Schmutzige Wäsche waschen war noch in den 1960er Jahren ein Kraftakt, den fast ausschließlich die Frauen zu schultern hatten. Den Ausspruch „heute ist Waschtag" kennt in der Neuzeit kaum noch jemand. Waschmaschinen waren noch nicht verbreitet, dafür gab es ein Waschhaus. So auch auf dem Grundstück der Lützner Straße 86. Das war ein separater kleiner massiver Bau mit Flachdach neben dem Wohnhaus, in dem der Ofen mit einem großen Bottich stand. Im Ziegelfußboden befand sich ein Fußbodeneinlauf. Beizeiten war anzuheizen, damit die Wassermenge im Kessel in Wallung kam.

War die gewünschte Temperatur erreicht, kamen die Wäschestücke, getrennt in Weiß- oder Buntwäsche, in den Bottich. Mit einem großen Holzknüppel wurde nun kräftig gerührt. Nach dem Waschgang musste jedes Teil ausgewrungen werden. Das war sehr anstrengend. Für die ganze Prozedur brauchte meine Mutti mehrere Stunden.

Die nasse Wäsche musste natürlich auch getrocknet werden. Der Hof war im vorderen Bereich zum Wohnhaus mit Ziegelbelag versehen und im hinteren Teil zum Fabrikgebäude mit Kopfsteinpflaster. Auf dieser imaginären Trennlinie waren in Abständen zueinander vier Hülsen eingelassen, in die transportable, runde Holzstützen, am oberen Ende mit vier Zapfen in vier Richtungen versehen, eingelassen werden konnten.

Die Stützen mussten vom tiefer gelegenen Waschhaus ein paar Stufen hoch transportiert werden. Da musste mein Vater seine Muskeln spielen lassen. Er hatte auch die Aufgabe (später ich), die Wäscheleine von Haken in den Wänden der Wohn- und Fabrikgebäude zu den Wäschestützen zu ziehen und das recht straff, damit beim Aufhängen der Wäschestücke diese nicht gleich auf dem Boden schliffen. Man nutzte noch kleine und handliche Wäschestützen, mit denen die Leine nach oben gedrückt wurde. Zoff gab es mit dem Chef der

„Drahtbürstenbude", wenn wochentags die Wäscheleine über die „Trennlinie" auf Betriebsseite gezogen war. Das behinderte den Warenverkehr. So waren die Regeln. War die Wäsche trocken, konnte sie abgenommen werden. Damit war jedoch der gesamte Prozess der Reinigung der Wäsche noch nicht beendet.

Die Kleidungsstücke, die mit zur Wäscherolle in die Henriettenstraße 6 genommen werden mussten, wanderten in den großen Wäschekorb und ich holte den Rollfix aus dem Keller. Der Korb wurde kippsicher auf den Rolli gesetzt. Meine Mutti und ich zogen los. Damit man die Wäscherolle nutzen konnte, war es notwendig, den Termin mit der verantwortlichen Dame für die Rolle zeitig zu vereinbaren. Man bekam die Schlüssel gegen ein Entgelt, zumeist für eine Stunde, ausgehändigt.

Beim Betreten des Raumes mit dem Erblicken der Wäscherolle oder Kaltmangel und deren Funktionsweise war ich als Knirps stets tief beeindruckt. Es hatte etwas Mystisches an sich, wenn sich das Ungetüm, ein riesiger Kasten, wechselseitig nach links und rechts in Bewegung setzte. An der Vorderseite waren zwei Schutzgitter angebracht, die meine Mutti erst öffnen konnte, wenn der Mangelkasten an einem Wendepunkt ankam. Dabei hob sich der Kasten leicht an, so dass diese Dogge herauszunehmen war.

Auf bereitliegende Mangeltücher legten wir Wäschestücke, die gemeinsam auf die Dogge aufgerollt wurden. Meine Mutti schob die Dogge unter den Kasten, schloss das Gitter und die Maschine rumpelte in die andere Richtung. Am anderen Ende angelangt, wiederholte sich der Vorgang mit der zweiten Dogge.

Nach mehreren Hin- und Herbewegungen des „Monsters" wurden abwechselnd auf beide Doggen weitere Wäschestücke aufgelegt. Beim Entnehmen stellten wir fest, dass die Wäsche schön glatt geworden war. Ordentlich zusammengelegt, verstauten wir alles im Wäschekorb und es ging nach Hause. Nach dem Verstauen der nun frischen Wäsche war der Waschtag beendet, bis zum nächsten.

DER EISMANN IST DA

Kühlschrank oder -truhe bzw. Gefrierschrank und -truhe sind für jedermann heutzutage selbstverständlich. Niemand aus den Generationen ab Baujahr etwa um 1970 kann sich vorstellen, wie die Altvorderen ihre Nahrungsmittel kühl gelagert haben, nämlich in einem sogenannten Eisschrank.

Mitte der 1960er Jahre, als ich in die 5. Klasse ging, stromerte ich oft mit meinen Freunden Henry Grünwald und Bernd Leifheit auf der Freifläche zwischen den Häusern Lützner Straße 80 und 86 herum, auf der die Gebäude 82 und 84 im Zweiten Weltkrieg zerstört wurden, aber die Kellergeschosse noch vorhanden waren. Die Freifläche grenzte eine Mauer zum nördlichen Fußweg an der Lützner Straße ab. Wir wussten, wie alle Bewohner im Umkreis, wann der Eismann mit seinem Vehikel anrollte und auf dem breiten nördlichen Fußweg gegenüber vom Gemüseladen (Lützner Straße 61) anhielt.

Er stieg aus und verkündete mit seiner 2-Ton-Trillerpfeife – die es im Einzelhandel übrigens nicht zu kaufen gab – und der markanten Melodie, dass er neue Eisblöcke bringe. Es verging kaum eine Minute und die ersten Eisschrankbesitzer standen mit ihren Netzen am Heck des Fahrzeugs. Mit einem Eispickel portionierte er die gewünschten Größen, kassierte ab und die Leute verfrachteten die kalte Ware in ihre mitgebrachten Netze und gingen schleunigst nach Hause. Besonders im Sommer flitzten sie schnellstens zurück und hinterließen eine Tropfenspur.

Zu der Zeit arbeitete meine Mutter in der GHG Möbel, Kulturwaren, Sport-, Fest- und Scherzartikel in der Lützner Straße 85 in der Abteilung Fest- und Scherzartikel. Und dort gab es auch diese 2-Ton-Trillerpfeifen. Schwupps, hatte eine dieser Pfeifen einen neuen Besitzer. Zu Hause übte ich ausgiebig die markante Melodie, bis ich mir sicher war, dass sie perfekt der Eismann-Variante glich.

Als dann der nächste Eismanntermin bevorstand, versteckte ich mich mit meinen Kumpels hinter der Mauer auf der Freifläche mit einem guten Blick zum Fußweg an der Lützner Straße, auf dem der Eismann sein Fahrzeug anhielt. Ca. eine Stunde vor dem eigentlichen Ankommen des Eismanns setzte ich mehrfach – wie der Eismann – zum Trillern an. Wie erwartet standen nach einer Minute die ersten Anwohner an dem Fleck, an dem eigentlich der Eismann parkte, aber weit und breit war nichts zu sehen von ihm. Ratlos blickten sie umher und fragten sich, ob der Eismann schon weggefahren war.

Wir Halbwüchsigen hinter der Ziegelmauer hatten unsere helle Freude ob der verdutzten Gesichter der Angeschmierten. Zum Glück wurden wir bei unserem Schabernack nicht enttarnt, dank unseres sicheren Verstecks.

Meine Frau wuchs zwischen 1958 und 1979 im Vorderhaus der Endersstraße 67 auf und ihr Tummelplatz als Kind war vorzugsweise am Karl-Heine-Kanal das Gebiet zwischen den Brücken Gießerstraße und Engertstraße, denn dieses Areal zwischen Kanal und Bebauung war von ihrem Opa gepachtet worden. Dieser Bereich ist heute Teil des beliebten Fuß- und Radweges zwischen dem Lindenauer Hafen und der Erich-Zeigner-Allee. Das hatte sie sich schon als Jugendliche gewünscht.

Am Karl-Heine-Kanal, Höhe Gießerbrücke mit Wasserspielen, 2012

Als meine Frau inzwischen volljährig geworden war, bezog sie mit großer Freude ihre erste eigene Wohnung im Hinterhaus der Endersstraße 67. Dieses liegt heute mit seiner Rückfront direkt am Fuß- und Radweg mit seiner Rampenauffahrt zur Engertstraße. Meine Frau hatte sich vorgenommen, die eigenen vier Wände ganz nach ihren Vorstellungen selbst hübsch und wohnlich herzurichten. „Ihre" Endersstraße kannte sie selbstverständlich von der Lützner Straße bis zur Engertstraße genau und wusste, dass in der Endersstraße 14 der Fachmann für Drogen, Farben und Chemikalien ansässig war.

Also ging sie zu Herrn Matthes in den Laden. Er beriet sie ausgezeichnet und erklärte ihr alles ganz genau bis ins Detail, schlug ihr vor, welches Werkzeug sie benötigte und welche Materialien zu verwenden sind. Auch gab er ihr wichtige Tipps für die Herangehensweise beim Malern und Tapezieren sowie das Aufarbeiten der Türrahmen und -blätter. Gängig waren seinerzeit braun gestrichene Türrahmen und in Beige gehaltene Türblätter. Für das ausführliche Gespräch bedankte sich meine Frau herzlich beim Meister. Den kleinen, stets freundlichen, ein verschmitztes Lächeln auf den Lippen habenden Mann in seinem weißen Arbeitskittel und

Farben-Matthes, Ecke Endersstraße/GutsMuthsstraße, 2022

mit der schwarzen Baskenmütze auf dem Kopf sieht meine Frau bildlich noch immer vor sich. Auch ich kann mich noch lebhaft an das „Lindenauer Original" erinnern.

Damals war in den Küchen ein Ölsockel in, d. h. bis in ca. einen Meter Höhe wurde die Fläche abwaschbar gestaltet, und besonders in den Treppenhäusern war die „Wickeltechnik" beliebt, indem man einen Wischlappen in Farbe tauchte und damit ein Muster auf die entsprechenden Flächen auftrug. Die ausführliche und überaus fachkundige Beratung durch Herrn Matthes war eine große Hilfestellung für meine Frau und das Heimwerkeln hat ihr große Freude bereitet.

Ein paar Jahre danach, als sie eine größere Wohnung in der Endersstraße 34 direkt neben dem VEB ELGUWA Leipzig bekam, konsultierte sie Herrn Matthes abermals und berichtete ihm vom damaligen Treffen, seinen breitgefächerten Erläuterungen und von ihren Erfahrungen bei der Umsetzung.

DER FAHRBARE ZEITUNGS- UND ZEITSCHRIFTENLADEN

Ein Unikum der besonderen Art erlebte man in den 1960er Jahren in der Merseburger Straße, einen Steinwurf entfernt vom damaligen Centrum-Warenhaus. Jeden normalen Arbeitstag (damals zählte auch der Sonnabend dazu) zog ein älterer Herr, soweit ich mich erinnern kann, aus der Hausdurchfahrt des Wohnhauses mit der Nummer 85 ein Vehikel über die stark frequentierte Straße auf den gegenüberliegenden Fußweg zwischen den Wohnhäusern Merseburger Straße 80 b und 82.

Dieses gelbe Vehikel entpuppte sich als ein mobiler Zeitungs- und Zeitschriftenladen, nicht größer als 1,5 x 1,3 Meter. Um in seinem Laden Licht zu haben, bezog er per Freileitung freundlicherweise Strom von einem der Gewerbetreibenden (wahrscheinlich aus der Nummer 80b). An einer Seite des Vehikels befand sich die Tür ins Innere und die Frontseite war dreigeteilt. Zwischen den beiden seitlich feststehenden Verglasungen war in der Mitte die bewegliche schließbare Fensteröffnung. Wie der gute Mann sich im Winter über Stunden hinweg warm gehalten hat, ist mir heute noch schleierhaft. Der Zeitungsverkäufer hatte einen gut sortierten Laden und die angebotene Literatur ordentlich sichtbar präsentiert. Immer sah man wenigstens eine Passantin oder einen Passanten, die bzw. der eine Zeitung oder eine Zeitschrift erwarb. Auch ich gehörte mit zu seinen Stammkunden. Wenn ich wieder einen Wunsch hatte, musste ich mich auf die Zehenspitzen stellen, um der Fensteröffnung näher zu kommen, sodass der ältere Herr mich verstand. Regelmäßig kaufte ich bei ihm die Kinderzeitschrift „Atze“, weil mich besonders die Abenteuer der Mäuse Fix und Fax in ihren Bann zogen. Wenn ich Glück hatte, bekam ich manchmal auch das hochbegehrte „Mosaik“ (als sogenannte Bückware).

Verblüfft war ich einmal, als ich das Wechselgeld zurückbekam. Beim genaueren Hinsehen bemerkte ich, dass neben den Münzen auch ein Geldschein darunter war. Zum ersten Mal sah ich einen 50-Pfennig-Schein. Einige Zeit später hielt ich ebenso einen 1-Mark-Schein in den Händen. Jedoch müssen diese Banknoten bis Ende der 1960er Jahre aus dem Verkehr gezogen worden sein.

Irgendwann war der Zeitungsmann mit seinem fahrbaren Laden leider aus dem Fluidum der Merseburger Straße zwischen „Haus der 1000 Dinge“ und Centrum-Warenhaus verschwunden. Ein weiteres besonderes Original von Lindenau ging in die Annalen ein.

METALLBAUKASTEN, MODELLFLUGZEUGE UND MODELLEISENBAHN

Auf dem Trockenboden unseres Mehrfamilienhauses hatte jeder Mieter einen kleinen Bereich unterhalb der Dachschräge für Krempel aller Art, der im aktuellen Haushalt nicht oder nicht mehr benötigt wurde. Aus einer der Holzkisten brachte mein Vater Anfang der 1960er Jahre einen stabilen Karton in unsere Wohnung im 1. Obergeschoss mit herunter und legte ihn in der Stube auf den großen Tisch. Neugierig rückte ich als Knirps näher, um zu sehen, was sich in diesem Karton verbarg. Mein Vater hob den Deckel ab und ich erblickte für mich undefinierbare

Mit dem Lieblingsspielzeug Metallbaukasten auf dem Balkon, Blick zum Areal der Firma Rurack, 1964

Einzelteile aus Metall. Er sagte mir, dass es ein „Märklin-Baukasten“ sei, mit dem er früher viel Zeit zugebracht hatte, und er zeigte mir, wie aus den einzelnen Teilen z. B. ein einfacher Handwagen zusammengeschraubt wird. Das weckte mein Interesse.

Mit dem Älterwerden wurde ich unter Zuhilfenahme des Bauanleitungsheftes schon geschickter und merkte, dass das vorhandene Material nicht ausreichte. So bekam ich einen weiteren Metallbaukasten „Made in GDR“. Nun reichten die Einzelteile für einen kleinen Eiffelturm, der eine Zeitlang auf dem Fernsehapparat thronte, oder eine Windmühle auf dem Buffet. Aufwändiger waren die Montagen für Automobile und die Konstruktion einer Seilbahn durch mein Kinderzimmer.

Mitte der 1960er Jahre verlagerte sich das Interesse hin zu den Modellflugzeugen. Meine Mutti arbeitete in dieser Dekade in der GHG Möbel, Kulturwaren, Sport-, Fest- und Scherzartikel. Dort handelte man mit diesen Spielzeugen und meine Mutti saß an der Quelle. Die Flugzeuge aus dem VEB Plasticart waren als Einzelteile in Kartons verpackt und man hatte die Aufgabe, sie per Anleitung mittels Klebstoff zum fertigen Modell zusammenzubauen. Die großen Teile ließen sich gut handhaben, währenddessen ich bei den kleinen so manchmal meine Probleme hatte. Da musste mir mein Vater helfen. Das erste fertige Modell, das ich strahlend in den Händen hielt, war eine „IL 14“, ein Passagierflugzeug. Diesem folgten später noch die „TU 104“ und die „TU 144“. Es gab auch Hubschrauber zum Selbstbau. Bei der „MI 1“ und der „MI 4“ war das Befestigen der Rotorblätter die schwierigste Aufgabe.

Aber am meisten gefiel mir das kleine Flugzeug „L 60“, das – als Original – vor allem in der Landwirtschaft eingesetzt worden ist, und die „AN 2“, ein sogenannter 1½-Decker, dessen untere Tragflügel etwas kürzer als die oberen sind. Außerdem hatte ich noch ein Jagdflugzeug „Saab J 35“ als Modell zu den anderen im Kinderzimmer. Einige waren auf einem beigefügten Ständer aufgesteckt, andere standen in der Vitrine oder hingen an einem Faden befestigt von der Decke herab.

Wohl jeder Junge wird einmal mit einer Modelleisenbahn gespielt haben. Aber nicht jeder konnte eine sein eigen nennen. Ich gehörte mit zu den Glücklichen und wieder hatte ich dies meiner Mutti zu verdanken, denn in ihrem Betrieb gab es alles von A bis Z für das beliebte Spielzeug. Es begann mit den Schienen, die einen geschlossenen Kreis auf dem Teppich in der Stube bildeten, einer Dampflokomotive und drei oder vier Wagen. Dazu kam einen Trafo, der mittels zweier Kabel am Anschlussstück an den Schienen verbunden war. Nun lag Strom an und der Zug setzte sich in Bewegung.

Wenn ich mit der Eisenbahn spielen wollte, musste ich sie aufbauen und am Abend aber wieder wegräumen. Auf die Dauer nervte das. Mein Vater besorgte

Modelleisenbahnplatte in der Wohnstube, 1967

1966 aus dem Hobbyladen Espenhain in der Kuhturmstraße zwei Holzplatten, die zusammengesteckt zur Modelleisenbahn-Grundplatte wurden. Als die Adventszeit begann, verlor der große Wohnzimmertisch seine eigentliche Bestimmung , denn zum Ende des Jahres verschwand er unter der Eisenbahnplatte. Jeden Abend im Dezember werkelte mein Vater an der Platte beim Verdrahten, das hatte er einst gelernt, und beim Prüfen der Funktion von Signalen, Weichen, der Beleuchtung etc. War alles gerichtet, wurde die Platte auf den Wohnzimmertisch abgesenkt, sämtliche Gebäude und der kleine Tunnel gesetzt und die Landschaft gestaltet. Die Anlage bestand aus zwei Kreisen mit jeweils zwei Weichenpaaren und zwei Abstellgleisen.

Inzwischen hatte sich der Fahrzeugpark stark vergrößert. Nach der kleinen Dampflokomotive bekam ich eine Rangierlok, eine E-Lok und eine Diesellok, vier Reisezugwagen inkl. eines Mitropa-Wagens, mehrere Güterwagen und vier Bummelzugwagen. Mein ganzer Stolz war ein aus vier Sektionen bestehender Doppelstockwagenzug, der sogar beleuchtet war. Im Januar hieß es nach mehreren Wochen wieder Abschied nehmen von diesem herrlichen Vergnügen.

Der Fahrzeugpark und sämtliches Zubehör wurden gut verpackt, die zwei Segmente der Grundplatte sorgsam voneinander getrennt und gegeneinander gelegt, um die ganze Verdrahtung in Schuss zu halten, und alles wanderte auf den Trockenboden in die Holzkisten. Die Modelleisenbahnplatte, in Decken gehüllt und gut verschnürt, lehnte an der Wand in unserer Krempelecke bis zum nächsten Mal zur Adventszeit.

RUNDFUNK- UND FERNSEHFAVORITEN

Als ich rund drei Jahre alt war, weckte neben dem Tonbandgerät das Radio meine grenzenlose Aufmerksamkeit. Hatten die Eltern den Empfänger eingeschaltet, dauerte es eine Weile, bis das Röhrengerät auf Betriebstemperatur kam. Eindrucksvoll war das magische grüne Auge, wie es sich nach dem Einschalten auffächerte. Wurde der Knopf für den Sendersuchlauf bedient, änderten sich die Grünnuancen je nach Stärke des einfallenden Senders.

In den ersten Jahren meiner Rundfunkerfahrung in den Meyerschen Häusern in Kleinzschocher bekam ich schon einige Hits der Rock´n´Roll-Ära der 1950er Jahre mit auf meinen Lebensweg. Später in der Lützner Straße hatten wir das größere Radiogerät „Juwel 2“ mit den vier gängigen Wellenbereichen. Inzwischen war ich ein Schulkind und wusste, dass der staatliche Rundfunk der DDR auch Sendungen für Kinder ausstrahlte.

Im Berliner Rundfunk ertönte um 6.55 Uhr der Ruf „Was ist denn heut bei Findigs los?“. Da ging es um eine Familie mit ihren Kindern Jockl, Jani sowie den Zwillingen Pit und Peggy und ihren Erlebnissen im DDR-Alltag.

Ganz oben auf der Favoritenliste stand bei mir die Sendung „Aus dem Butzemannhaus“, die 8.40 Uhr bei Radio DDR I zu hören war und mit einem Eingangs-Jingle begann. Wenn ich nicht schon in der Schule sein musste, habe ich keine Sendung verpasst. An jedem Tag begrüßte ein anderer Sprecher die Knirpse an den Lautsprechern. In Erinnerung geblieben sind mir „Bauer Lindemann“ (dienstags), „der kleine Pfennig“ (samstags) und mein Liebling, „Käpt´n Brise“ (donnerstags). Den alten Seebären mochte ich besonders. Wahrscheinlich habe ich deshalb bis heute ein Faible für die Ostseeküste. Abends 18.55 Uhr bei Radio DDR I in der Sendung „Der Sandmann ist da“ hörten die Kinder noch eine Geschichte und dann blies der Sandmann deutlich hörbar drei Wolken seines Schlafmittels durch den Äther.

Mit Beginn des Jahres 1965 hatte ich nun die Chance, Kindersendungen, neben dem Rundfunk, auch im Fernsehen zu verfolgen. Zum allerersten Mal sah ich mit offenem Mund das Sandmännchen mit seinem Abendgruß über die Mattscheibe flimmern. Meine Lieblinge waren Frau Igel mit Borstel, Mauz und Hoppel, Onkel Uhu in der Waldschule mit der vorlauten Maus Gertrud und dem bedächtigen Maulwurf Buddelflink in der ersten Bankreihe und natürlich Herr Fuchs, Frau Elster, Schnatterinchen, Bummi und Pittiplatsch, der Liebe.

Jeden Sonntagnachmittag hieß es eine halbe Stunde „Zu Besuch im Märchenland“ mit einem oder zwei Kurzfilmen. Ich freute mich besonders, wenn es ins Koboldland ging, denn dort waren die Freunde von Pittiplatsch zu sehen. „Drehrumbum, der Runde, dreht sich einmal um in der Stunde“, so tönte es von ihm. Nickeneck war das blanke Gegenstück, immer in Bewegung und eine Quasselstrippe. Auch die kleine Wuschel hopste mit über den Bildschirm. Und dann war da noch die Omama, die in einem Kaffeekannenhaus wohnte.

Am Samstagabend nach dem Sandmännchen folgten um 19 Uhr die „Tausend Tele-Tips“. Haften geblieben ist mir die Reklame mit dem Minol-Pirol und seinem unverwüstlichen Ausspruch, der mir heute noch locker von den Lippen kommt: „Stets dienstbereit zu Ihrem Wohl, ist immer der Minol-Pirol.“ Übrigens hat die nach dem politischen Umbruch letzte übriggebliebene Tankstelle der Minolkette in der Lützner Straße in Lindenau unter diesem Namen Ende 2021 leider ihre Zapfhähne für immer geschlossen.

Ende der 1960er Jahre liefen im Rahmen der Sendung „Tausend Tele-Tips" Trickfilme, die sich meine Eltern auch mit anschauten. Sie waren dermaßen lustig, man hätte sonst etwas verpasst. Mein absoluter Favorit war der kleine Maulwurf. Seine Erlebnisse gab es in den 1970er Jahren auf Schmalfilm Normal 8. Nicht schlechter waren aber auch Lolek & Bolek, die ungarische Serie mit Gustav und selbstredend Hase und Wolf – nu, pagadi!

LEIPZIGER KLEINMESSE IN DEN 1960ER JAHREN

Mit verschiedenen Klassenkameraden in all den Jahren zog ich, wenn sich die Frühjahrs- und die Herbstkleinmesse ankündigten, in Richtung Cottaweg. Es machte wesentlich mehr Laune, wenn man nicht allein über den Rummel bummelte. Mit etwas Taschengeld ausstaffiert, drehten wir zuerst eine Runde über über das Areal der Messe, um uns einen Überblick zu verschaffen, welche Attraktionen es gab.

Bei uns Bengeln war natürlich der Autoscooter auf der Beliebtheitsskala die Nummer 1, und das Fuhrgeschäft war auch jedes Mal vor Ort. Da konnte jeder seine Fahrkünste unter Beweis stellen und bei jeder Runde wurden Karambolagen provoziert oder wurde Einer in die Zange genommen. Leider war so eine Runde immer viel zu schnell zu Ende und für die nächste musste man wieder bezahlen.

Zum Standardprogramm gehörte auch die Geisterbahn. So mancher bekam beim Einsteigen in die Zweisitzer-Waggons schlotternde Beine. Mancher kam am Ende etwas bleich aus dem Dunkel wieder an das Tageslicht. Aber keinem erging es so in der Geisterbahn wie Alfons Zitterbacke, aus dem bekannten und beliebten Kinderbuch.

Jedes Mal wurde auch die Achterbahn angesteuert. Hier musste man sich oft etwas gedulden, wenn sich eine Schlange gebildet hatte. Das Anstehen war jedoch jeder aus dem Alltag gewöhnt. In jede Gondel passten zwei Personen und dann ging es los. Die Gondel wurde auf einer Schräge noch oben gehievt und am obersten Punkt über einen Huckel noch mit Schwung versehen und ab nun ging die Rallye ab. Es hieß, gut festhalten und am besten vorher die Brille

Leipziger Kleinmesse, am Fahrgeschäft „Flieger", um 1960

Leipziger Kleinmesse, Gedränge zwischen Fahrgeschäften und Buden, um 1960

sicher verstauen, sonst flog sie unkontrolliert ins Nirwana. Wir Jungs freuten uns diebisch, wenn die Mädchen bei den Abwärtsbewegungen der Gondeln plötzlich in allen Tonlagen herzzerreißend im Chor aufkreischten. Auch hier war die Fahrt zu schnell rum.

Wenn das Riesenrad auf der Kleinmesse war, gab es selbstverständlich kein Halten. Es lohnte sich stets mitzufahren, da man aus oberen Positionen einen wunderbaren Überblick über die Schornstein-Landschaft des Leipziger Westens und Südwestens hatte. Es wurde Heimatkunde praktisch betrieben, denn es ragten genug markante Objekte aus dem Häusermeer.

Stimmte die Zusammensetzung der Truppe, ging es zu einer der Buden, in denen die Eishockey-Spielautomaten standen. Dort wurden die Meisterschaften jeder gegen jeden ausgetragen. Die rechteckigen Automaten, mit einer dickeren Glasscheibe abgedeckt, hatten an ihren Stirnseiten jeweils einen runden Knauf, mit dem man seine Eishockeyspieler, die auf der „Eisfläche“ fest platziert waren, bewegen konnte. War der Obolus entrichtet, ertönte ein Signal und die erste

Rutschbahn, „Spinne“ und Straßenbahn, um 1960, Luftschaukel, 1964

Kugel sprang von der Mitte einer Längsseite aufs Spielfeld. Jetzt musste man Schnelligkeit und scharfe Augen beweisen, den Gegner in Schach halten und möglichst selbst die Tore erzielen. „Klingelte" es beim Gegner zum ersten Mal im Kasten, wurde das Tor optisch beim triumphierenden Spieler auf einer beleuchteten Leiste am Rand der Glasscheibe mit den Ziffern 1 bis 10 angezeigt.

Es kam vor, dass einer der Spieler haushoch überlegen war und dann reichte die Anzeige bis 10 nicht mehr aus. Jedoch bei zwei Minuten Spieldauer, wenn ich mich nicht irre, musste das schon ein Klassenunterschied sein. Trotz Sieger und Verlierer ging die gutgelaunte Truppe nach einem erlebnisreichen Nachmittag nach Hause.

MEINE SCHULJAHRE AN DER 42. POS

Als das 2. Schuljahr an der 45. Polytechnischen Oberschule in die letzten Monate ging, hatte sich meine Klassenlehrerin Frau Täsch mit meinen Eltern darüber ausgetauscht, dass ich, aufgrund der gezeigten Leistungen, ab dem nächsten Schuljahr eine Klasse mit erweitertem Russischunterricht an der 42. POS besuchen könne. Selbstverständlich hatte ich als gerade einmal 8-Jähriger kein Stimmrecht und so wurde entschieden, dass ich ab Herbst 1962 an die neue Schule gehen soll – in die Klasse 3 R1. Das war eine große Umstellung, die gewohnten Schulkameraden waren so gut wie passé und mit den neuen musste man erst warm werden. Der neue Schulweg war nur geringfügig länger, aber dafür sah man wesentlich Interessanteres in der Merseburger und Georg-Schwarz-Straße als in der Demmeringstraße.

In die neue Klasse muss ich mich recht schnell eingelebt haben und unter der Klassenleiterin Frau Anke aus Rückmarsdorf machte das Lernen auch Freude. Im Fach Russisch wurde die Klasse geteilt. Eine Fremdsprache zu lernen, fand ich schon spannend, dass es allerdings diese sein musste! Nun ja, spätestens mit Beginn der 7. Klasse, als Englisch als Pflichtfach hinzukam, hatte man als Heranwachsender schon eine differenziertere Meinung zu der Sprache, die man jedoch nicht kundtun sollte.

Die ersten zwei Jahre in der „Russischschule" verliefen für mich relativ harmonisch und problemlos. Einen „Stamm" an Schulfreunden hatte ich inzwischen gefunden und mit denen verbrachte ich auch viel Zeit außerhalb der Schule. Wir spielten häufig Fußball auf dem damals noch fast autofreien Teil der Großmannstraße ab der Wielandstraße hinter dem Friedhof Lindenau, gingen ins Kino, bei warmen Wetter ins Prießnitzbad und besuchten uns gegenseitig zu Hause.

Das 5. Schuljahr ab September 1964 brachte einschneidende Veränderungen, denn wir bekamen neue Lehrer vor die Nase gesetzt inkl. des neuen Klassenleiters Herrn Erwin Walter (Mathematik und Physik). Einer der neuen Lehrer war Herr Grüning in seinem weißen Arbeitskittel. Er betrat das Klassenzimmer stets forsch mit einer Aktentasche unter dem Arm. Diese flog, während er noch ging, in elegantem Bogen auf den erhöht stehenden Lehrertisch und landete krachend auf der Tischplatte. So begann der Deutschunterricht. Zu seinen Gewohnheiten gehörte es, wenn sich z. B. zwei Banknachbarn leise unterhielten oder dem Unterricht nicht folgten, dass vom Lehrerpult aus zischend unvermittelt ein Schlüsselbund durch die Luft wirbelte und sein Ziel nicht verfehlte. Mancher hatte danach wirklich einen blauen Fleck davongetragen.

Das waren Aussichten ab dem 5. Schuljahr! Wie heißt es so treffend: Ein Unglück kommt selten allein. Mit Beginn dieser Klassenstufe erkrankte ich immer

Im Prießnitzbad, um 1965

häufiger an den Mandeln bis zu einem Rhythmus von zwei Wochen gesund und zwei Wochen krank. Da verpasste ich natürlich so einigen Unterrichtsstoff. Besonders in Russisch bei dem recht biederen, eigensinnigen und voreingenommenen Herrn Seidler stand ich wohl von Anbeginn auf der „Abschussliste". Das Fach Russisch hatte einen hohen Stellenwert unter allen Fächern und das kostete der Fachlehrer genüsslich aus. Zählte man nicht zu seinen „Vorziehpüppchen", hatte man schon verloren. Meine Kumpel Lothar Christel und Andreas Krumpaß traf das gleiche Schicksal. Beide verließen die Russischklasse nach dem 6. Schuljahr und ich strampelte mich noch ein Jahr länger bis Juni 1967 erfolglos ab.

Rund zehn Jahre später erzählte mir Andreas, dass er seiner Cousine, die in den 1970er Jahren an der DDR-Botschaft in Moskau arbeitete, seine Russisch-Klassenarbeiten aus jener Zeit zufällig mal zum Anschauen gegeben hatte. Sie eröffnete ihm, dass in den Leistungsprüfungen mehrfach Fehler vermerkt wurden, die aber gar keine waren. Den Rest kann man sich denken.

Ein ebenfalls eigenartiges Gebaren legte der Klassenleiter Herr Walter an den Tag, wie mir später mein Vater erzählte. Ihm kam es sehr befremdlich vor, wie der Klassenleiter bei den obligatorischen Elternabenden gegenüber einigen der Eltern „unterwürfig" dienerte und katzbuckelte, sinngemäß mit Äußerungen wie „jawohl Herr Doktor – Sie haben recht Herr Professor". Hieraus kann man nur den Schluss ziehen, dass unter den Schülern – nebst den Eltern – eine bewusste Auslese hinsichtlich des weiteren Bildungsweges vorprogrammiert war und Unliebsame getilgt wurden.

Mit der 8. Klasse kehrte ich zurück an die 45. POS und traf viele der Schulkameraden aus den ersten zwei Jahren wieder und auch – mit einem Jahr Unterbrechung – Andreas Krumpaß. In den letzten drei Schuljahren hatte ich leistungsmäßig keine Probleme, denn durch einen unterschwelligen „Drill" in allen Fächern der Russischklasse war ich eine gewisse „Härte" gewöhnt und das kam mir jetzt doch zugute. Besonders in Russisch brauchte ich so gut wie keinen Handschlag zu machen. Dies zahlte sich später auch noch beim Studium aus.

VERKAUF VON SCHULBÜCHERN

Vor dem Beginn eines jeden neuen Schuljahres brauchte jede Schülerin und jeder Schüler die erforderlichen Bücher für die Fächer in der jeweiligen Klassenstufe. Als ich mein fünfjähriges „Gastspiel" an der 42. POS – der „Uhlandschule" – Mitte der 1960er Jahre hatte, ging ich zusammen mit meiner Mutti in den letzten Wochen der Sommerferien dafür in einen kleinen Flachbau in der Erich-Köhn-Straße. Dieses Gebäude existiert heute nicht mehr, es kann die Hausnummer 41 gewesen sein.

Die letzten drei Schuljahre kehrte ich zurück an die 45. POS. Nicht weit entfernt davon befand sich für diese Schule der Verkauf der Schulliteratur für alle Jahrgänge, in der Demmeringstraße 78, einem Eckgebäude zur Raimundstraße.

KINO FILM-PALAST (FETTBEMME)

Vom 3. bis zum 7. Schuljahr war ich Schüler an der 42. Polytechnischen Oberschule „Alexander Puschkin" in der Uhlandstraße. Im Volksmund wurde sie nur „Uhlandschule" genannt. Mein Weg vom Beginn der Georg-Schwarz-Straße ab der Merseburger Straße führte mich auf der Seite der Häuser mit den ungeraden Hausnummern an zahlreichen kleingewerblichen Einrichtungen vorbei, u.a. am „Kellerbäcker", an der Buchhandlung, am ersten Kino „Central-Lichtspiele", dem Textilladen „Flax und Krümel", der Gaststätte „Gute Quelle", einem Modelleisenbahngeschäft und an einem Laden, in dem es Fanartikel und Eintrittskarten für Fußballspiele der BSG Chemie Leipzig zu kaufen gab.

Im Erdgeschoss des Eckhauses nach Querung der Calvisiusstraße hatten die Eltern einer Schulkameradin aus der 45. POS in den 1970er bis Ende der 1980er Jahre ein Kunstgewerbegeschäft. Die Fassade war in diesem Bereich mit bräunlich-beigen Klinkerplatten versehen. Gegenüber dem Geschäft auf der anderen Straßenseite befand sich eine stets gut besuchte Eisdiele.

Ein paar Schritte weiter gelangte man zum zweiten Kino „Film-Palast" in der Georg-Schwarz-Straße 31. Fünf Schuljahre passierte ich zweimal am Tag den „Film-Palast", den jeder nur „Fettbemme" nannte. Der Eingang ins Kino war ein zentraler Treffpunkt der seinerzeit so genannten Halbstarken oder Gammler. Dort gab es in den Jahren von 1962 bis 1967, als ich dort vorbei musste, sehr oft handfeste Auseinandersetzungen zwischen den älteren Elvis-Fans und den jungen aufstrebenden Beatles-Fans. Die Ordnungshüter mussten ständig dorthin anrücken. Sicherheitshalber wechselte ich die Straßenseite. Mit den Klassenfreunden Jürgen Koerbel, Andreas Krumpaß und Gerhard Gläser ging ich häufig in die „Fettbemme“. Es waren damals die Jahre, als die DEFA einen Indianerfilm nach dem anderen mit dem Chef-Indianer Gojko Mitić auf die Leinwände der Kinos im Land brachte.

In einer Vorstellung nahm eine ältere vornehme Dame mit Hut und Pelzmantel in der Reihe vor uns Platz. Es war noch etwas Zeit, bis der Gong erklang, und wir alberten in unseren Sitzen etwas herum. Die Elitäre drehte sich um und strafte uns mit bösen Blicken. Da schwiegen wir still. Aber wir hatten schon einen Plan. Als der übliche Vorfilm – der Augenzeuge – lief, rollten wir kleine Papierkügelchen für die Attacke während des Hauptfilms. Wir Lausbuben hatten gesehen, dass der Hut der Pelzträgerin eine durchgehend runde Krempe hatte. Der am nächsten zu ihr Sitzende legte vorsichtig eine der Papierkügelchen in die Krempe. Und es folgten noch weitere. Immer wenn die gut Behütete ihren Kopf bewegte, hörte man das leise Rascheln der Kügelchen, wenn man sich darauf konzentrierte. Später hörte die Dame auch Geräusche, konnte sie aber nicht so recht orten. Wir mussten immer wieder leicht feixen, wenn die Kügelchen zu einem neuen Rundstreckenrennen ansetzten. Die Bepelzte drehte sich zu uns im Dunkeln um und brabbelte etwas Unverständliches. Sicher wird sie nach dem Kinobesuch höchst überrascht gewesen sein beim Absetzen ihrer Kopfbedeckung und über uns gewettert haben.

JUNGER SPRENGMEISTER

Als ich meine Klassenstufen 3 bis 7 an der 42. Polytechnischen Oberschule absolvierte, war es üblich, dass in gewisser Regelmäßigkeit sogenannte Pioniernachmittage außerhalb des regulären Unterrichts stattfanden. Daran hatten gewöhnlich alle Schüler teilzunehmen. In den Herbst- und Wintermonaten war es nach deren Ende draußen inzwischen schon dunkel geworden und man trat den Heimweg an. In der 7. Klasse aber verabredeten sich einige der Jungen hin und wieder noch zu „Streifzügen“ durch das Revier. Darunter war auch der „Sprengmeister“. Er hatte vor Jahresfrist einen Chemie-Experimentierbaukasten geschenkt bekommen, sich fleißig damit beschäftigt und sich autodidaktisch weitergebildet. Dies musste er den anderen natürlich irgendwann einmal praktisch demonstrieren. Bei zwei seiner Aktionen im Spätherbst 1966 war ich auch zugegen. Deshalb sind mir diese Ereignisse noch in lebhafter Erinnerung.

Jeder der Schuljungen in Lindenau kannte den Schützenhof in der Nähe des Elsterflutbetts an der Hans-Driesch-Straße. Dort fand man immer leere Patronenhülsen in verschiedenen Größen. Und fast jeder Bengel hatte das Zündmaterial von den Streichholzkuppen abgekratzt, in die leere Hülse gestopft, das obere Ende vorsichtig zusammengepresst und dann mit einem Hammer darauf geschlagen.

Eine Nummer größer trieb es aber unser „Sprengmeister". Für das erste Experiment hatte er mehrere große Patronenhülsen mit einer von ihm kreierten Mischung gefüllt und kompakt zusammengebunden. Mittels Räucherkerzen, als Zeitzünder, war das Ganze verbunden. Als Experimentiergelände musste der schmiedeeiserne Zaun, der die Uhlandschule umgab, herhalten.

An der Seite zur Georg-Schwarz-Straße hängte er seinen Sprengsatz oben an den Zaun und zündete. Schleunigst verließ die Bande den Tatort und wartete in sicherer Entfernung in der Wielandstraße. Nach rund fünf Minuten plötzlich ein weiß-gelber Blitz, dem ein ohrenbetäubender Knall folgte. Zum Glück war zu dieser Zeit der Fußweg nicht belebt und kein Passant in der Nähe der Explosion. Dennoch kamen einige Leute zum qualmenden Tatort und blickten suchend in die Runde. Sie sahen uns aber nicht.

Nachdem sich die Gemüter beruhigt hatten, wagten wir uns nach ca. 15 Minuten wieder an den Ort des Geschehens. Die Wirkung war beachtlich. Die der „Granate" nächstliegenden vertikalen Zaunstäbe hatten sich durch den Druck der Explosion tatsächlich verbogen. Leider ist der heutige Zaun nicht mehr das Original, so dass damit das Beweisstück nicht mehr vorhanden ist.

Des „Sprengmeisters" zweites Experiment ging eigentlich sogar noch einen Schritt weiter – RAF lässt grüßen. Wieder hatte er in seiner Hexenküche etwas zusammengebraut, das in der Praxis zu testen war. Tatort war dieses Mal eine Schiene der Gleistrasse der Straßenbahn fast an der gleichen Stelle. Vor der Uhlandschule, zwischen Wielandstraße und Uhlandstraße, war die stadteinwärtige Haltestelle der Straßenbahnen. Kamen die Bahnen aus Leutzsch herangefahren, bremsten sie noch vor dem Passieren der Wielandstraße ab, so dass der Wagenzug ausrollte und der Triebwagen in Höhe der Uhlandstraße zum Halten kam. In diesem Bereich fand nun der Test statt.

Das Paket wurde in der Schiene platziert und dann wurde schnell Reißaus genommen bis zum ersten Durchgang von zwei Wohnhäusern gegenüber der Uhlandschule. Dort warteten wir auf das Herannahen der nächsten Straßenbahn. Und der Sprengsatz lag genau am richtigen Ort. Kurz bevor der Triebwagen stand ein Blitz unter dem rechten Vorderrad, ein Donnerschlag und es hatte den Eindruck, als ob der Pullmann-Wagen einen kurzen „Hüpfer“ vollführte. Natürlich schlug gleich das Alarmsignal der Straßenbahn an und der Fahrer kam durch den Nebel ins Freie gehastet. Er schaute unter die Vorderachse und holte mit dem Hebel, mit dem die Weichen manuell gestellt wurden, das Relikt des Sprengkörpers hervor.

Wir beschlossen, lieber stiften zu gehen, denn die Straßenbahn blieb erst einmal stehen, bis die Verkehrsaufsicht der Bahn kam, um den Tatbestand aufzunehmen. Wie diese Sache letztendlich ausgegangen ist, bleibt nebulös. Es stand später auch keine Notiz in der lokalen Presse über diesen Vorfall.

ZIGARETTENSCHACHTELN

Während der Leipziger Messen im Frühjahr und Herbst verdiente sich in den 1960er Jahren die Mutter meines Vaters, die in der Leutzscher Bischofstraße 35 wohnte, zu ihrer Rente noch ein paar Mark dazu, als sie auf dem damaligen Karl-Marx-Platz (heute Augustusplatz) als Parkplatzwächterin arbeitete. Dies schien ihr Freude zu bereiten, denn sie war stets eine mitteilsame Person gewesen.

Neben ihrem festgelegten Verdienst gab es auch allerhand „Staub“. Mal mehr, mal weniger. Oft waren es ein paar der heißbegehrten „Westmärker“ oder ihr wurden Aufmerksamkeiten in Form von Naturalien zugesteckt. Darunter befanden sich häufig West-Zigaretten. Eigentlich hatte ich meinen Vater in den ersten 1960er Jahren zu Hause nie rauchend gesehen. Aber danach waberten in den Monaten März und September, nach den Messen, öfters Nebelschwaden durch die Stube. Diese beiden Male blieben aber die Ausnahme. Die geleerten Zigarettenschachteln wanderten nicht in den Papierkorb, sondern in einen Schuhkarton, denn ich begann, die schicken West-Verpackungen zu sammeln. Über die Jahre wurden es mehr und mehr und ich fand es doof, diese nur im Dunkeln zu verstecken.

Mir kam die Idee, die Schachteln in meinem Kinderzimmer an der Längswand in Fensternähe „öffentlichkeitswirksam“ zu präsentieren. Wie das realisieren? Jede Schachtel einzeln mit Stecknadeln an der Tapete befestigen? Nein, das hätte ja später ausgesehen wie ein Schweizer Käse. Ich besorgte mir eine rund 1,5 Meter lange sowie 1 Meter breite stabile Pappe, beklebte sie mit Resten meiner Kinderzimmertapete und befestigte das Gebilde an sechs Stellen an der Wand. Nun konnte ich die große Fläche mit meinen Schätzen dekorieren und den Schulfreunden stolz zeigen.

Das tägliche Sehen der Schachteln animierte mich eher nicht zum Rauchen. Natürlich bediente ich als Halbstarker auch den Slogan „Test the West". In der 8. Klasse, nach einem Besuch in der Musikalischen Komödie 1968, mussten wir Jungs das erste Mal so richtig in Gruppe paffen. Damals kam eine Sorte auf den Markt, die „Frische" hieß und eine Menthol-Zigarette war, die nach Pfefferminz schmeckte. Dadurch wird der Nikotingeruch überlagert, so unsere naive Vorstellung, und zu Hause bemerken es die Eltern nicht, dass man gesündigt hat. Na ja, hinterher hat Erfahrung jedoch den Anfänger geschlagen.

FIRMA RÄTH-GLOBEN

Schon als Vorschulkind stöberte ich im Bücherschrank meines Vaters herum und fand die Atlanten mit ihrer bunten Bebilderung und den Landkarten aufregend. Mein Vater erklärte mir die Landkarten und auf welchen Kontinenten die Tiere zu Hause sind, die wir im Zoologischen Garten schon oft gesehen hatten. Als ich dann nach den ersten zwei Schuljahren des Alphabets mächtig war, blätterte ich stundenlang durch das mächtige Kartenwerk und prägte mir allmählich die Umrisse der besprochenen Kontinente ein und beschäftigte mich mit den Ländern und lernte Schritt für Schritt die dick eingetragenen Hauptstädte.

Irgendwann Anfang der 1960er Jahre sah ich zum ersten Mal eine Kugel, auf der die mir geläufigen Konturen der Erdteile zu sehen waren. Da war ich fasziniert. Und diese Kugel ließ sich auch noch drehen, das war phänomenal. Der erste Globus, der mir begegnete, war noch unbeleuchtet. Nach der Jugendweihe 1968 stand schließlich ein beleuchteter Globus in meinem Kinderzimmer in der Lützner Straße 86.

In den letzten drei Schuljahren an der 45. POS war Michael Seeber einer meiner Klassenkameraden. Er wohnte in der Raimundstraße 14 und ich besuchte ihn Anfang der 8. Klasse zu Hause. Und siehe da, in seinem Zimmer stand auch ein Globus. Welch ein Zufall. Er erklärte mir lapidar, der Globus ist von der Firma, die im Hinterhaus ihre Produktionsstätte hat. Da war ich „geplättet". Mein Vater sagte mir, dass der VEB Räthgloben-Verlag (vormals Paul Räth GmbH) der einzige Hersteller dieser Meisterwerke in der DDR ist. Umso ehrfürchtiger behandelte ich meinen Leuchtglobus.

Michael Seebers Vater war freiberuflicher Graphiker und zeigte mir, Michael war ja schon Insider, welche Arbeitsschritte notwendig sind, bis so ein kleines Kunstwerk fertig ist. Äußerst beeindruckt war ich von der „Streifentechnologie", d.h. davon, wie die einzelnen Segmente der Darstellung der Erdoberfläche auf den Grundkörper aufgetragen werden. Er ermöglichte auch einmal einen kleinen Rundgang in den Räumlichkeiten bei der Firma Räth-Globen. Dabei konnte ich den Beschäftigten bei ihren filigranen Arbeiten über die Schulter schauen.

Wenn ich heutzutage einen Globus sehe, werde ich unvermittelt um ca. 50 Jahre zurück in die Vergangenheit versetzt und bin gedanklich in der Raimundstraße 14. Mein Globus aus den Kindheitstagen ist inzwischen zur nächsten Generation weitergewandert, sodass ich zur Zeit nur auf Atlanten zurückgreifen kann. Aber vielleicht findet bald erneut eine beleuchtete „Erdkugel" ihren Platz in der Wohnung.

KÜCHE WIRD ZUR TROPFSTEINHÖHLE

In unserem Mehrfamilienhaus Lützner Straße 86 gab es hin und wieder, wie in allen Mietshäusern, nicht alltägliche Ereignisse, die später noch häufig „durchgekaut" wurden, je nachdem, wen es betraf. Leider hatten meine Eltern das „Glück", so eine Begebenheit zu durchleben.

Es war im Frühsommer 1967, als an einem Samstagmorgen in der sechsten Morgenstunde Herr Schöffl aus dem Erdgeschoss energisch an unserer Wohnungstür klopfte. Noch halb im Schlaf öffnete mein Vater die Tür. Der Untermieter vermeldete, dass sich an seiner Küchendecke Wasserflecke abzeichneten und wir wohl den Wasserhahn in der Küche vergessen haben zuzudrehen. Nun putzmunter, ging mein Vater die paar Schritte zur Küche, öffnete die Tür und er wähnte sich in einer Tropfsteinhöhle. Munter fielen die Tropfen von der Decke auf den Fußboden, der gänzlich geflutet war. Na, das wurde ein Tag!

Wenig später rutschten wir zu dritt auf dem Fußboden herum, um die Wasserflut nach unten vorerst einzudämmen. Derweil prasselte das Gemisch aus Wasser und Farbe von oben weiter herab. Die Ursache konnte also nur beim Mieter, dem Ehepaar Kunisch, im 2. Obergeschoss liegen. Mittlerweile hatte

Herr Schöffl auch unsere Obermieter informiert. Und tatsächlich, dort lief mit einem dünnen Strahl das Trinkwasser die ganze Nacht über aus dem Ausguss ins Abwasser-Fallrohr. Zunächst wurde im Keller die Trinkwasser-Steigleitung für die linke Seite des Hauses zugedreht und den Mietern im 3. Obergeschoss und im Dachgeschoss Bescheid gegeben.

Mit einer Spirale, die Herr Schöffl hatte, denn er war zugleich auch Hausmeister, traktierte er das Fallrohr vom 2. Obergeschoss nach unten. Anfangs kam er zügig voran. Dann war es jedoch wie zubetoniert. Er benötigte mindestens eine halbe Stunde, um den Durchbruch im Rohr zwischen dem 1. und 2. Obergeschoss zu schaffen. Beim langsamen Herausziehen der Spirale aus dem Rohr offenbarte sich die Ursache. Mehr und mehr stinkende Speisereste kamen ans Licht und füllten den unter dem Ausguss stehenden Eimer in der Küche von Kunischs. Sie handhabten schon jahrelang diese bequeme Art der Entsorgung. Dieses Mal ging es schief.

Nur wir waren die absolut Leidtragenden der ganzen Story. Einiges an Mobiliar und der Fußbodenbelag waren nicht mehr zu gebrauchen. Besonders umfangreich gestalteten sich die Malerarbeiten. Selbst Jahre später schimmerten an einigen Stellen der Küchendecke noch die Flecke des Ungemachs durch.

Leider äußerten die Obermieter später nicht einmal einen Anflug von Reue oder eine Entschuldigung meinen Eltern gegenüber – ein Verhalten, das auch in der Gegenwart von vielen Zeitgenossen noch immer in ähnlicher Form praktiziert wird.

FUNDBÜRO DER DEUTSCHEN REICHSBAHN

Irgendwann Mitte bis Ende der 1960er Jahre bekamen mein Schulfreund Henry Grünwald und ich mit, dass jeden Monat Fundsachen im Verwaltungsgebäude der Deutschen Reichsbahn am Ende der Güterladestelle III an der GutsMuthsstraße, heute Netto-Markt, versteigert wurden, die in den Zügen der Eisenbahn herrenlos aufgefunden worden waren.

Beim ersten Mal schauten wir uns noch zurückhaltend um, als wir den Versteigerungsraum betraten. Wir platzierten uns im hinteren Teil des Raumes und merkten bald, dass sich hier viele derer, die mitsteigerten, bereits langjährige Insider waren und selbstverständlich schon ihre Stammplätze hatten, die gegen

Neulinge oder Unerfahrene vehement verteidigt wurden. Vor allem im Winter gab´s da kein Pardon, denn diese Plätze waren in der Nähe des Kanonenofens, der fast in der Mitte des Versteigerungsraumes stand. Der Auktionator war ein Angestellter der Deutschen Reichsbahn aus diesem Verwaltungsgebäude, der das monatliche Prozedere in seiner etwas eigentümlich näselnden Art leitete und stets einen blauen Arbeitskittel trug.

Das häufigste Utensil, das den Reisenden in den Zügen abhanden kam, war der Regenschirm in allen Varianten, der häufig zum Mindestgebot einen neuen Besitzer fand. Eine Kollegin reichte dem Auktionator jedes einzelne Exemplar und die meisten gingen für eine Mark per Hammerschlag über den Tisch. Am häufigsten schlugen die angestammten Insider zu, die vermutlich kleine Gewerbetreibende in der DDR waren.

Besonders spannend wurde es, wenn höherwertige Gegenstände angepriesen wurden. Das waren Kleidungsstücke und Koffer mit und ohne Inhalt. Es tauchten sogar einmal, sicher unbedeutende, Gemälde auf. Da überboten sich die Insider-Clans eifrig in „Tippelschritten". Mal ging´s zügig und mal gab´s längere Kunstpausen oder sie frotzelten sich gegenseitig an, so sinngemäß mit Bemerkungen wie: „Den Krempel brauchst Du doch überhaupt nicht!" oder „Was willst Du mit dem Ding anfangen?"

Manchmal kam es vor, dass es Gleichstand gab, d. h. es meldeten sich mehrere Interessenten beim Mindestgebot. Dafür hatte der Auktionator seine Methode, den Sieger herauszufinden. Er griff hinter sich und zog einen Beutel mit Griff hervor, ähnlich einem Klingelbeutel in der Kirche. Je nach Anzahl der Bieter füllte er den Beutel mit einer oder mehreren weißen Kugeln und mit einer roten. Dann bat er den ersten Bieter nach vorn, eine Kugel aus dem Sack zu ziehen. Entweder zog er die weiße oder die rote Gewinnerkugel. Wir amüsierten uns mächtig dabei zu sehen, welcher der Clans denn dieses Mal mehr Glück beim Ziehen der roten Kugel haben wird und wie er triumphierend zu den anderen schaute. Das war jedes Mal ein kleines Schauspiel für uns.

Die Versteigerungen dauerten je nach angebotenen Fundstücken rund eine Stunde und so ca. 20 Personen waren meistens dabei. Zusätzlich zu diesen Versteigerungen gab es auch separate Versteigerungen für Fahrräder einmal oder zweimal im Jahr, die am hinteren Teil des Verwaltungsgebäudes an der Rampe zu einem Lagerraum durchgeführt wurden.

PETRI HEIL

Mein Kumpel aus Kindheitstagen Bernd Leifheit war durch seinen naturverbundenen Vater, der Drogist gewesen ist, schon früh mit Flora und Fauna recht gut vertraut. Auch das Angeln färbte von der einen auf die nächste Generation ab. Wenn ich Bernd im Nachbarhaus besuchte, staunte ich immer wieder über das riesige Aquarium, das an der linken Fensterecke stand. Sicher war es 1,20 Meter lang, einen halben Meter tief und hoch. Darin schwamm auch ein kleiner Wels. Das sind die Grundfische mit den Barteln am Maul. Gebannt vom Aquarium und den in ihm ihre Kreise ziehenden Fischen konnte ich kaum meinen Blick abwenden.

Das 7. Schuljahr war gerade abgehakt und die Sommerferien hatten begonnen. Bernd fragte mich am sonnigen Morgen des 4. Juli 1967, ob ich nicht mit ihm zum Angeln gehen möchte. Er wolle heute zur Nahle aufbrechen. Dieses Fließgewässer zählt mit zum sogenannten Binnendelta von Leipzig, beginnt am nordwestlichen Ende des Elsterbeckens als Abzweigung und mündet schon nach 2,7 Kilometern in die Neue Luppe. Kurz nach der Abzweigung durchläuft der Fluss das Nahlewehr und dort hatte Bernd vor, seine Angeln auszuwerfen. Er und sein Vater waren im Besitz eines Angelscheines vom Deutschen Anglerverband der DDR

Bei schönem Wetter brachen wir zu Fuß mit den notwendigen Utensilien auf und Bernd weihte mich in die Grundlagen seines Angelsports ein. So erklärte er mir die verschiedenen Arten von Angeln und deren Bestandteile, angefangen von der Angelrolle, über die Angelsehne, den Posen bis zu den verschiedenen Haken. Um etwas zu fangen, benötigt man jedoch auch einen Köder. Gewöhnlich sind das Würmer oder Brotteig, der zu kleinen Kugeln geformt und auf die Hakenspitze gedrückt wird. Außerdem muss man wissen, dass bei den Flossenträgern unterschieden wird nach Fried- und Raubfischen. Nach so viel Theorie kreiselte es erst einmal in meinem Kopf auf dem Weg durch den Leipziger Auwald.

Bernd kannte seine Stelle im Uferbereich unterhalb des Nahlewehrs und zielstrebig bereitete er die Angeln vor. Eine überließ er mir und sagte, dass wir nur auf Friedfische gehen werden. Dazu formten wir die Brotteigkugeln. Nun war die Zeit gekommen, die Angeln auszuwerfen. Er riet mir, die Angel nicht zu sehr in der Strömung zu platzieren, besser mehr am Rand, wo das Wasser ruhiger ist. Gesagt, getan, und nun begann das Warten.

Wir saßen am schattigen Ufer und es wurde allmählich wärmer. Das spürten wohl auch die Fische. Sie machten keine Anstalten, an den Ködern zu zupfen, was an der Auf- und Abbewegung der Angelposen zu erkennen wäre. Weil beim Angeln Ruhe zu herrschen hat, kann man besonders gut in die Umgebung hineinlauschen und vernimmt stets neue Geräusche. Den Blick aber sollte man nicht von der Pose lassen, sonst entgeht einem wohl der große Fang.

Bernd war der Glücklichere von uns beiden. Er zog den ersten Fisch an Land. Dieser hatte aber nicht das vorgeschriebene Maß und er setzte ihn zurück ins Nahlewasser. Später hatte er noch bessere Fänge. Dazwischen endlich zappelte es zum ersten Mal an meiner Angel und vorsichtig unter Anleitung des Fachmanns zog ich eine sich wehrende Rotfeder aus dem Wasser, der ich später wieder die Freiheit gab.

Jeder Angler, so erklärte mir Bernd, führt ein Tagebuch, in das die Fänge einzutragen waren. Deshalb erinnere ich mich noch genau an das Datum. Dieser Eintrag sollte für die Zukunft auch der einzige bei mir bleiben. Beim Angeln eine Zeitlang zuzuschauen, dagegen ist nichts einzuwenden, aber stundenlang nur auf eine Stelle zu starren und dann womöglich in aller Herrgottsfrühe aufstehen zu müssen und unter miesen Witterungsbedingungen auszuharren, das war dann doch nicht mein Ding. Jedoch war ich wieder um eine Erfahrung reicher.

IN DER GROSSEN SCHWIMMHALLE IM LINDENAUER WESTBAD

Als ich in der 9. und 10. Klasse (Schuljahre 1968/69 und 1969/70) in der 45. POS war, pflegte ich mit meinem Klassenkumpel Andreas Krumpaß, mit dem ich heute noch Kontakt habe, jeden Donnerstagabend, wenn nichts Außergewöhnliches uns davon abhielt, ca. zwei Stunden in der großen Schwimmhalle im Westbad in der Marktstraße eifrig einige Runden zu schwimmen. Wenn ich das imposante Gebäude betrat, erinnerte ich mich oftmals daran, dass ich im Schwimmbecken im Kellergeschoss 1962/63, wie viele Lindenauer Kinder, unter den gestrengen Augen eines Herrn Beuchel und häufig innerlich fluchend das eigenständige Schwimmen erlernte, ohne jegliche Hilfsmittel.

Zuerst gingen wir zur Kasse, um ordnungsgemäß den Eintritt zu entrichten, und dann ging´s zu den Umkleidekabinen. In diesem großen Raum herrschte, wenn er Dienst hatte, ein etwas muffliger und raubeiniger älterer Herr, der für

Ordnung sorgte. Besonders bei ihm amüsierten wir uns diebisch, wenn wir ihm nach dem Baden das Kennwort für das Öffnen unserer Umkleidekabine nannten. Die Holzkabinen stammten noch aus der Entstehungszeit des Westbades 1925/26. An den Türblättern waren Schließeinrichtungen montiert. Diese sahen aus wie ein Zifferblatt der Uhr. Anstelle der einzelnen Ziffern waren jedoch gemischt Namen von Städten und Vornamen eingetragen. Auf dieser Namensscheibe befand sich eine drehbare Scheibe mit einer Aussparung, die den gewählten Namen anzeigte, mit einem kleinen Knauf zum Einstellen.

Bevor man also die Kabine verließ, hatte man einen Namen einzustellen und die Aufgabe, sich diesen auch zu merken. Irgendwann kamen wir auf die Idee, dass ein Name allein zu unsicher ist. Warum gehen auch nicht zwei Namen? Gesagt, getan, als wir mal wieder mit dem Badezeug anrückten. Die drehbare Scheibe wurde so platziert, dass in der Aussparung „Fritz" und „Wien" zu erkennen war. Und ab ging es ins Wasser. Als wir wieder vor unserer Umkleidekabine waren, fragte der mürrische Kabinenmeister nach dem Kennwort. Fast unisono brachten wir heraus „Halbe, Halbe, Fritz und Wien". Ungläubig und mit großen Augen starrte uns der Bewacher der Umkleidekabinen an und knurrte: „Ihr wollt euch wohl einen üblen Scherz mit mir erlauben? So etwas gab´s ja noch nie!" „Wie

Westbad, Schwimmhalle, um 1935

ist nun das richtige Kennwort?“, fragte er unwirsch nach. Als wir unseren Satz wiederholten, schien es, als wolle er wie das legendäre „HB-Männchen“ abheben. Ziemlich ungehalten öffnete er die Kabinentür, fuhr herum und starrte entgeistert auf die Einstellung – tatsächlich „Halbe, Halbe, Fritz und Wien“. Wenn der gute Mann später donnerstags wieder Dienst hatte und uns sah, dann grinste er nur.

Werbung des VEB Städtische Bäder Leipzig, um 1965

EIN DANDYHAFTER SCHULKAMERAD

Als ich 1967 mit Beginn des 8. Schuljahres zurück an die 45. Polytechnische Oberschule kam, hatte ich auf einen Schlag viele neue Gesichter um mich herum. Einer stach durch sein etwas auffallenderes Äußeres gegenüber den anderen besonders heraus. In diesem Alter wurden die Mädchen für die Jungs so langsam interessant und attraktiv. Es begann ein allgemeines Balzgehabe mit mehr oder weniger Erfolg für die Kampfhähne. Wer gewisse Vorteile besaß, der spielte diese auch gnadenlos aus. Unser schon recht großgewachsener Schönling hatte da so seine Meriten.

Nachmittags nach der Schule, wenn ich ihm begegnete, war er nie solo. Stets top gekleidet, nicht so wie die anderen Jungs, führte er irgendeine Angebetete an seiner Seite. Und die wechselten in munterer Reihenfolge. Man kam gar nicht mehr hinterher, wer gerade seine Aktuelle war. Leider konnte ich seinen Werdegang nicht weiter verfolgen, denn mit der 9. Klasse wechselte er die Schule.

DIE LUTHER-BÜSTE IN DER CRANACHSTRASSE 6

Einen Blickfang mit Seltenheitscharakter offenbart die Fassade des Eckhauses Cranachstraße 6 in der zweiten Fenster-Vertikalachse zur Cranachstraße, in der die vier Fensteröffnungen vermauert sind (EG bis 3. OG) und im 1. Obergeschoss in Anlehnung an einen kleinen Tempel mit Bekrönung Martin Luther als Büste in der Nische auf die Vorbeigehenden herabblickt. Mein Weg zur 45. POS führte mich in den ersten beiden und in den drei letzten Schuljahren in der Zeit von 1960 bis 1970 an Luther vorbei. Vom Fußweg auf der anderen Straßenseite her grüßte ich ihn fast jeden Morgen.

In diesem Jahrzehnt gab es mehrere sehr kalte und schneereiche Winter, nicht so wie heute. Recht gut kann ich mich erinnern an die bitterkalte Jahreszeit 1962/63, an das Schneechaos zur Leipziger Frühjahrsmesse 1965 und den extremen Schneefall im Winter 1969/70. Da rückten wir als Zehntklässler in den Winterferien 1970 zum Schneeschieben aus. Lag Schnee, war es für uns in all den Schuljahren stets eine große Freude, nach dem Schulschluss auf dem Nachhauseweg an der Kreuzung Demmeringstraße zur Cranachstraße einen Stopp

Cranachstraße 6 mit Martin-Luther-Büste, 2007

einzulegen, um Schneebälle zu kneten. Nicht aber, um eine zünftige Schneeballschlacht vom Zaune zu brechen, sondern, um die Büste in der 1. Etage ordentlich mit dem gekneteten Vorrat zu beballern. Da zeigte sich, wer eine gute Treffsicherheit hatte und die steinerne Variante des Reformators mit möglichst vielen Schneebällen eindeckte. Nach einiger Zeit verschwand Martin Luther unter einer weißen Schicht. Auch die Spitze der Bekrönung war eine beliebte Zielvorgabe bei den winterlichen Leibesübungen. Natürlich befanden sich unter den Passanten, die vorbeikamen, auch einige, denen unser Zeitvertreib überhaupt nicht in den Kram passte. Davon ließen wir Lausebengels uns aber nicht abhalten.

In der 1. Etage des Hauses mit der Stube, die ein Fenster zur Demmeringstraße und eins zur Cranachstraße hatte, wohnte Bärbel Thielemann, eine Schulfreundin aus den letzten drei Schuljahren. Vermutlich lebte in ihrer Wohnung einst der Bildhauer Karl Thieme.

VERKAUF VON WEIHNACHTSBÄUMEN AUF DER FREIFLÄCHE LÜTZNER STRASSE 88

Alljährlich, wenn der Monat Dezember in den 1960er bis Ende der 1980er Jahre anbrach, wurde die betonierte Freifläche an der Ecke Lützner Straße zur Cranachstraße für den Verkauf der Weihnachtsbäume hergerichtet. In den Anfangsjahren existierte noch ein Jägerzaun, der das Areal zu den Fußwegen an den beiden Straßen abgrenzte. Später waren es dann mobile Zaunsfelder. Waren die Vorbereitungen abgeschlossen, dauerte es nicht lange, bis es auf der Freifläche grün aussah. Die Bäume waren angeliefert worden.

Von der Cranachstraße her war der Zugang und auf einer Tafel waren die Größen und die Preise für die „Hallelujah-Stauden" zu lesen. Bereits am ersten Tag herrschte stets ein großes Gedränge auf den Pfaden zwischen den Bäumen, die nach Größen vorsortiert waren. Denn solch akkurat gewachsene Nadelgehölze, wie sie heutzutage angeboten werden, waren damals eher die Ausnahme.

Auch meine Eltern arbeiteten sich mit mir durch die Berge an Bäumen. Wir benötigten einen Baum mit maximal 1,5 Meter Höhe. Das reichte aus. Hatte man ein vermeintlich passendes Gehölz entdeckt, wurde es vorläufig festgehalten, nicht dass ein anderer ein paar Sekunden später nach diesem Baum griff. Mein Vater hatte die Aufgabe, sich durch die Stapel zu kämpfen, später auch ich, und meine Mutti hielt die Staude fest. Wurde das Bäumchen für gut befunden, ging es zum Baumverkäufer zum Bezahlen. Wir hatten es nicht weit bis nach Hause, wohnten wir doch im an die Betonfläche angrenzenden Wohnhaus Lützner Straße 86.

Es gab jedoch auch Jahre, wo der Großteil der angelieferten Weihnachtsbäume eher „Schrott“ war. Eine Seite sah prächtig aus, aber die andere verhärmt. Oder der Baum hatte keine Spitze. In den Jahren war es Praxis, zwei „Krücken“ zu nehmen und daraus einen passenden zu „basteln“. Eine der beiden wurde zum Weihnachtsbaum auserkoren und die andere musste ihre Zweige hergeben. Dazu trieb man mit einem Handbohrer Löcher in den Stamm des zukünftigen „Lamettaträgers“ und setzte die vom anderen Baum abgetrennten Zweige fest in die Bohrungen ein. So behalf man sich eben.

Später stand der Baum direkt in der Ecke am rechten Wohnzimmerfenster. Bei der Auswahl wandten wir nun eine andere Taktik an. Es reichte aus, wenn das Gewächs auf einer Hälfte vorzüglich aussah. So konnte man die kahle Seite, noch etwas nachgearbeitet, direkt in die Zimmerecke schieben. So stand der Baum nicht zu weit in den Raum hinein. Womöglich blieb noch einer daran hängen und beförderte ihn in die Horizontale. Bis zum Weihnachtsfest waren es aber nun noch einige Tage. Damit der Baum seine Nadeln bis dahin nicht verlieren möge, stellten viele, die einen hatten, ihre Erwerbung auf den Balkon. Andere, denen das verwehrt war, befestigten eine Leine am Stamm und hingen den Baum kopfüber unterhalb des Fensters herab. Die Mieter in den Mittelwohnungen der Lützner Straße 86 ohne Balkon ließen den Baum von ihrem WC-Fenster auf der halben Etage im Treppenhaus ins Freie baumeln.

Usus war es, den Baum am Vormittag des Heiligabends im Wohnzimmer aufzustellen und zu schmücken. Als die elektrische Baumbeleuchtung noch nicht Einzug gehalten hatte, war der Anblick der sich bewegenden Flammen der Kerzen zwar anheimelnd, aber auch kreuzgefährlich. Stets mussten meine Eltern den Baum im Auge behalten.

Meist stand der Weihnachtsbaum in unserem Wohnzimmer bis Mitte Januar, wenn die „Hallelujah-Staude“ begann, ihre Nadeln abzuwerfen. Sorgsam wurde er dann „demontiert“ und über den Berliner Ofen sorgte er letztmalig für Wärme und Wohlbehagen in unserem Wohnzimmer. Beim Staubsaugen fanden sich tatsächlich manchmal bis zum Sommer noch Relikte des Baums, in Form der Nadeln, an. Erinnerungen an das letzte Fest und Vorfreude auf das nächste.

Schon 1956 als Dreikäsehoch im Alter von zwei Jahren bestaunte ich im elterlichen Wohnzimmer in der Hermann-Meyer-Straße 10 in Kleinzschocher die sich drehenden Tonbandspulen und die „Kiste", aus der die Musik kam. Zu jener Zeit arbeitete mein Vater im VEB Fernmeldewerk Leipzig in der Stötteritzer Melscherstraße 1 und war im Laufe der Jahre für die Herstellung der Tonbandgeräte „Tonmeister", „Smaragd" und „KB 100" der verantwortliche Vorgesetzte, nachdem man ihn 1953 nach dem Volksaufstand als Lehrer gemaßregelt und er sich in der sozialistischen Produktion zu bewähren hatte. Die Prototypen der Bandmaschinen mussten auch Testläufe absolvieren und so hatte mein Vater die Aufgabe, als Käufer Otto Normalverbraucher die Geräte im Heimbetrieb „auf Herz und Nieren" zu prüfen.

Erste Erfahrungen mit dem Tonbandgerät, 1957

Ende 1959, nach dem Umzug von Kleinzschocher nach Lindenau, bekam das „Smaragd" einen Platz, an den der inzwischen gewachsene Dreikäsehoch näher herankam und das Gerät betrachten konnte. Als ich acht Jahre alt war (1962), durfte ich das Tonbandgerät – inzwischen ein „KB 100" – erstmals selbst bedienen. Und das war ein Meilenstein. Von nun an nahm ich selbst vom Rundfunkgerät Sendungen auf, z. B. die Sketche von Herricht und Preil. Damit ich einen Überblick hatte, was ich da alles aufnahm, legte ich von Anfang an einen großen Wert auf eine ordentliche „Buchhaltung", beschriftete die Verpackungskartons für die Tonbänder und schrieb alles akribisch in Notizhefte ein.

Jugendweihe, mit einigen Geschenken, 1968

Mittlerweile feierten die Beatles ihre ersten Erfolge seit der Single „Love me do“ 1962. Ab und an spielten die DDR-Rundfunksender in den Folgejahren Titel der vier Liverpooler. Das waren die ersten Kontakte mit der westlichen Beatmusik und das, was ich da hörte, nahm ich selbstverständlich auch auf Tonband auf.

Der richtige Zündfunken kam so im Frühjahr 1966. Zu dem Zeitpunkt brach sich ein kurzer Klatschrhythmus bei den Heimspielen der BSG Chemie Leipzig seine Bahn, der mit dem Ruf aus Tausenden, ja Zehntausenden Kehlen „Chemie“ endete. Die Vorlage dazu war der mitreißende Titel „Hold Tight“ der englischen Beatgruppe „Dave Dee, Dozy, Beaky, Mick & Tich“ (die fünf Unaussprechlichen, wie man sie nannte). Auch bei der Fußball-Weltmeisterschaft im Sommer 1966 in England war dieser Klatschrhythmus und der Schlachtruf von den Zuschauerrängen zu hören, nur an Stelle von „Chemie“ war es eben „England“.

Ab diesem Zeitpunkt war ich dieser Musik verfallen. Unser Rundfunkgerät mit dem magischen grünen Auge – das Betrachten war immer unheimlich faszinierend – verfügte über alle Wellenbereiche und die suchte ich nach Sendern ab, von denen ich aufnehmen konnte. Zuerst versuchte ich es mit Radio Luxemburg auf Kurzwelle. Jedoch schwankte der Empfang, es rauschte oder andere Sender überlagerten ihn und die Qualität war miserabel. Dafür klappte es mit dem Sender abends auf Mittelwelle besser beim englischen Programm sowie mit Aufnahmen vom Deutschlandfunk, Saarländischen Rundfunk, Deutschen Soldatensender und dem Deutschen Freiheitssender 904.

Zur Jugendweihe im April 1968 bekam ich ein eigenes Rundfunkgerät mit Diodenanschlüssen für Tonbandgerät und Schallplattenspieler. Mein Vater und ich installierten vor dem Kinderzimmerfenster einen Ring-Dipol. Nun wurde der UKW-Empfang möglich. Ein Jahr später ersetzte ich diesen mit einer Skelett-Schlitz-Antenne, die qualitätsmäßig besser war, jedoch sehr genau ausgerichtet werden musste. Kurze Zeit darauf montierte ich die Antenne auf dem Dach unterhalb unserer beiden Fernsehantennen. Das war nochmals ein „Quantensprung“. Ausgerichtet war sie Richtung Brocken bzw. Torfhaus auf den Norddeutschen Rundfunk (NDR). Auch den Bayerischen Rundfunk (BR 2, BR 3) bekam ich in Stereoqualität herein.

Mit Beginn des Schuljahres 1966/67 hatte ich in der 42. POS in der Russischklasse 7 R1 als neues obligatorisches Fach Englisch. Das machte wesentlich mehr Freude als Russisch, da ich hier einen praktischen Bezug zur Musik sah.

Man wollte schließlich in etwa wissen, worüber die Musiker singen. Das Wörterbuch wälzte ich in diesem Schuljahr ständig hin und her.

Es brachte immens viel. Als ich zum 8. Schuljahr wieder in die 45. POS zurück wechselte, war der Englischunterricht bis zur 10. Klasse nur fakultativ. Das hatte ich mir erspart. Es war überhaupt kein Nachteil bei meiner späteren Berufsausbildung mit Abitur sowie beim Studium. Nach dem Studium absolvierte ich 1981 noch die Sprachkundigenausbildung Englisch II b.

Mit meinem Kumpel Henry Grünwald, welcher 1967 bereits ein Kofferradio sein eigen nannte, zog ich – wie damals so üblich – mit dem „Wimmerholz" durch die Straßen von Lindenau und Plagwitz. Das sahen Ältere überhaupt nicht gern und bezeichneten uns oft als Halbstarke, Gammler und solche, denen mal wieder die Haare rigoros zu schneiden sind. Wir ertrugen es mit stoischer Gelassenheit und lauschten z. B. den Top 10 aus den USA, die wöchentlich im Deutschlandfunk an einem Nachmittag abgespielt wurden.

Im Laufe des Jahres 1967 hatte ich mich allmählich in das Thema der Beat-, Pop- und Rockmusik hineinvertieft, in Verbindung mit meinen Tonbandaufnahmen und dem regelmäßigen Anschauen des „Beat-Clubs" im Westfernsehen, so dass ich mir wie ein kleines wandelndes Lexikon vorkam. Das hatte ab dem 8. Schuljahr zur Folge, dass ich für meine Mitschüler zu einer regelrechten Auskunftsstation avancierte. Besonders interessiert war mein Klassenkamerad Jörg Gaudig, welcher ein tolles Kofferradio mit ausgezeichnetem Klang besaß.

Natürlich blieb mein Westmusik-Hobby dem Lehrkörper nicht verborgen und unser Klassenlehrer Herr Keller war der Ansicht, als es um die Delegierung von zwei Schülern aus unserer 10. Klasse zu den Festivitäten zum 20. Jahrestag der DDR im Oktober 1969 in Berlin ging, dass ich aufgrund dieser Musikvernarrtheit und der Beeinflussung anderer politisch unzuverlässig sei. Nun, die Klasse entschied anders. Neben dem Klassenprimus, der gesetzt war, fuhr ich dann doch mit in die Hauptstadt der DDR.

Mein Kumpel Andreas Krumpaß hatte familiäre Kontakte nach Osnabrück. Und mit jedem Westpaket kam seit 1968 ab und an auch eine Single-Schallplatte mit nach Leipzig. Solche Originalaufnahmen überspielte ich liebend gern auf Band. Das Tonbandgerät „KB 100" leistete gute Dienste und die Mono-Aufnahmen hatten für mein Hörverständnis eine brauchbare Qualität.

Es kam natürlich vor, dass während einer Aufnahme vom Radio ein Hausbewohner irgend ein Küchengerät oder dergleichen in Betrieb setzte. Dann

Plattenspieler „Favorit e“, 1980

waren die Störgeräusche drauf, ärgerlich. Warten bis zur nächsten Sendung und der zweite Versuch. So bespielte ich mit der Zeit Tonband für Tonband.

Die Qualität der Magnettonbänder wurde von den 1960er zu den 1970er Jahren immer besser. Von den rötlichen CR-Bändern blätterte nach vielmaligem Gebrauch die Magnetbeschichtung ab. Das besserte sich mit den Typen CR 50 und CPS 35. Für Stereo-Aufnahmen fand ich die PS 25-Bänder optimal. PS 18-Bänder brachten zwar die höchste Spieldauer, aber sie waren sehr anfällig und knitterten leicht aufgrund ihrer dünnen 18 µm.

Beim Abschlussball der 10. Klassen der 45. POS 1970 war ich einer der Diskjockeys, die für die musikalische Umrahmung des Abends zu sorgen hatten. Zuvor war der Direktion eine Liste der zu spielenden Songs vorzulegen, damit das Verhältnis von 60:40 (Ost- zu Westmusik) eingehalten wird. Als dann die Zeit fortgeschritten war, klangen nur noch westliche Beatmusikklänge.

Über Beziehungen kaufte ich im April 1971 ein Bandgerät vom Typ Tesla B 5 aus der ČSSR. Mittlerweile hatte auch mein Freund aus dem Nachbarhaus Bernd Leifheit ein B 41 Tesla-Gerät. Ein Jahr darauf hatte ich das Glück, ein Stereo-Tonbandgerät B 56 zu bekommen. In den folgenden Jahren kam es in meinem Zimmer zu regelrechten Aufnahme-Sessionen und der Zigarettendunst stand im Raum. Bernd hatte den Einstieg in einen sogenannten Platten-Ring geschafft. Er kannte Leute, u.a. aus Zittau und Hermsdorf, von denen regelmäßig die neuesten Original-Langspielplatten (LPs) aus dem Westen durchs Land kursierten. Da kam es schon vor, dass ein Schwung von LPs in einer Nachtschicht zu überspielen war, weil sie am nächsten Tag schon wieder weitergereicht werden mussten.

Neue Horizonte eröffneten sich auch während der Lehrjahre. Die beiden absoluten Musikfans aus meiner Berufsschulklasse, Steffen Randolph – der größte Rolling-Stones-Fan, den ich je kannte – und Matthias Dathe, hatten einen ziemlich reibungslosen Zugang zu den neuesten LPs aus der westlichen Hemis-

Stereo-Tonbandgerät „Tesla B 101", 1982

phäre sowie polnische Mono- bzw. Stereo-Tonbandgeräte von den Typen ZK 120 bzw. ZK 146. Auch mit meinem Berufsschulkollegen Bernd Käseberg aus dem „Duncker-Viertel" überspielte ich häufig Aufnahmen von Schallplatten.

Immerhin war es möglich, ab 1971 im Polnischen Kultur- und Informationszentrum am Brühl Lizenz-LPs zu ergattern. Einige von den damals erstandenen habe ich heute noch. Bis 1989 versuchte man, aus dem sozialistischen Ausland, insbesondere aus der ČSSR und Ungarn, LPs mitzubringen. Das war stets ein Abenteuer, denn der Umtausch von Mark in Kronen bzw. Forint war begrenzt und ob man ungefilzt über die Grenze kam, war die große Unbekannte in der Rechnung. Getauschtes Geld über dem Limit hatte ich zweimal hinter den Reklameschildern über den Sitzen im Zugabteil vor den Grenzern versteckt. Es brauchte nur einen Schraubendreher. Schallplatten schlug ich in Packpapier ein und klebte sie an die untere Holzverkleidung der Zugabteiltür, wenn die Grenze nahte. Schoben die Uniformierten die Abteiltür auf, verschwand das Schmuggelgut unterhalb der Sitzbank. Auch das funktionierte.

Nach dem Studium kaufte ich mir zunächst das Stereo-Gerät B 100 von Tesla und dann den Nachfolger B 101, den ich heute noch besitze. Das Mono-Gerät B 57, das speziell für Schule und Ausbildung produziert wurde, testete ich eine Zeitlang zu Hause.

Über zwei Jahrzehnte (Mitte der 60er bis Mitte der 80er Jahre) kam eine recht umfangreiche Sammlung an Tonbändern mit Überspielungen von Schallplatten und Single-Aufnahmen vom Rundfunkempfänger zusammen, die einer durchgehenden Spieldauer von über zwei Wochen entsprach. Ca. 20 Bänder, gut verpackt in den Originalboxen, die vom Ganzen übriggeblieben sind, harren darauf, gesichtet zu werden. Das wird spannend. Wie werden sie die über 30 Jahre im Dornröschenschlaf überstanden haben?

IM CHEMIEUNTERRICHT

Ab dem 7. Schuljahr sah der Lehrplan für den Unterricht in den Polytechnischen Oberschulen der DDR das Fach Chemie vor, nachdem zwei Schuljahre zuvor das Fach Physik Premiere hatte. Diese Fächer fanden unter den Schülerinnen und Schülern geteiltes Echo und man ulkte: „Physik ist das, was nie gelingt, und Chemie ist das, was pufft und stinkt." Auch in der 45. POS in der Demmeringstraße 84 gab es für Physik und Chemie spezielle Fachkabinette, die für diese Unterrichtsstunde aufgesucht wurden.

Das Chemiekabinett befand sich an der Hofseite, war geräumig und hatte die Grundfläche von zwei normalen Klassenzimmern, wenn ich mich richtig erinnere. Im Raum waren vier große Experimentiertische, die, je zwei in Längsrichtung, hintereinander angeordnet waren. An jeder Längsseite befanden sich sechs Arbeitsplätze für die Schülerinnen und Schüler. Die Tische waren gefliest und hatten Anschlüsse mit Ventilen für Trinkwasser und Gas sowie ein Auffangbecken mit Abwasserableitung. An der Stirnseite des Kabinetts hatte der Lehrer bzw. die Lehrerin einen weiteren, den Hauptexperimentiertisch.

Unser Chemielehrer betrat stets forsch in einem weißen Arbeitskittel den Raum und erläuterte uns ausführlich die Arbeitsschutzbedingungen, wenn Versuche durchzuführen waren. Zumeist bildeten die beiden Nebeneinandersitzenden eine Arbeitsgruppe und das war von der 8. bis zur 10. Klasse (1967–1970) mein Kumpel Jörg Gaudig. Er war ein pfiffiger Zeitgenosse und öfter für Scherze zu haben. Wenn, neben der Vermittlung der oft trockenen Theorie, Experimente anstanden, wurden die Bunsenbrenner ausgegeben und der flexible Schlauch an den Stutzen für Gas angeschlossen. Da ging´s dann recht turbulent zu.

Einmal, als wir zur Chemiestunde anrückten, standen die Bunsenbrenner, wahrscheinlich von der vorhergehenden Klasse, noch auf den Experimentiertischen. Es war gerade große Hofpause. Jörg und ich, wir waren schon eher im Chemiezimmer und kamen auf die spitzfindige Idee, den Bunsenbrenner doch mal mit dem anderen Anschluss zu verbinden, nämlich dem Trinkwasseranschluss. Gesagt, getan, und nun begann der Test. Vorsichtig aufgedreht und siehe da, der Brenner spuckte jetzt flüssige Materie aus, wie ein kleiner Springbrunnen. Wir waren begeistert. Nun wollten wir auch wissen, wie sich die Fontäne steigern ließ. Und tatsächlich erreichte die Wassersäule die Decke. Schleunigst nun den Hahn wieder zugedreht, aber es tropfte noch rund eine Minute wie in einer

Tropfsteinhöhle vom getroffenen Punkt an der Decke. Schnell noch die Hinterlassenschaften beseitigt, ehe die anderen unsere Missetat mitbekamen und vielleicht noch jemand dem Lehrer petzte. Während des Unterrichts blickten wir beide verstohlen an die Decke, ob der feuchten Stelle, und grinsten. Ein Glück, keiner blickte gelangweilt vom Unterricht nach oben und bei der nächsten Stunde war der Fleck schon verblichen.

GASLATERNE VOR DER SCHULE

Im Januar 1970 lag sehr viel Schnee in Leipzig. Wenn er frisch gefallen war, sah die weiße Pracht auch wirklich weiß aus. Verging aber ein Tag ohne Frau Holles Tatkraft, dann hatte sich ein gräulich-schwarzer Schleier aus den Qualmwolken, die den unzähligen Schornsteinen der Industriebetriebe entquollen, darüber gelegt. Dennoch reflektierte der Schnee in der Dunkelheit diffus das Licht der Großstadt und es war heller als bei schneelosem Straßenbelag, so dass die Gaslaterne vor der 45. Polytechnischen Oberschule fast überflüssig erschien.

Es war wieder Sonnabend in der Frühe. Mit einigen meiner Schulfreunde traf ich mich zehn Minuten vor sieben Uhr zur ersten Unterrichtsstunde, eigentlich der nullten Stunde, zum Fach Astronomie in der Nähe der Zufahrt zum Hofbereich. An diesem Tag trafen wir uns eher zufällig neben der Gaslaterne, rund 20 Meter entfernt. Irgendeiner fing an, einen Schneeball zu kneten, und die kleine Schneeballschlacht war eröffnet.

Bei dem Hin und Her traf ein Ball die Laterne oben auf dem Mast und es leuchtete etwas dunkler als zuvor. Beim genauen Hinsehen hatte einer der drei Glühstrümpfe seinen Geist aufgegeben und die beiden anderen funzelten munter weiter. Einer kam plötzlich auf die glorreiche Idee, die anderen auch noch auszublasen. Mit weiteren Schneebällen scheiterte das Vorhaben, aber mit einem Fußtritt gegen den Mast gelang es. Wie in einer Wellenbewegung vibrierte der Mast und erreichte die Laterne. Dort oben schepperten die Glasscheiben und der nächste Glühstrumpf verabschiedete sich. Nun kam es zum finalen Schlag. Eine weitere Prüfung des Mastmaterials hatte zur Folge, dass die Laterne kurz wippte, ihre Glasscheiben lautlos in den Schnee abwarf und der dritte Glühstrumpf wohl wegen der plötzlich auftretenden Kälte keine Lust mehr hatte zu leuchten. Schleunigst düsten wir um die Ecke in die Schule zum Unterricht.

DER LEHRER MANFRED NEUHOLD

Ein außergewöhnlicher Pädagoge während meiner Schulzeit von 1967 bis 1970 (8.–10. Klasse) in der 45. POS war Herr Neuhold, ein geborener Lindenauer. Er unterrichtete in den Fächern Zeichnen, Geografie und Astronomie. Wenn er das Klassenzimmer betrat, trug er stets seine Aktentasche, beidseitig an einem Riemen befestigt, über der Schulter, da er nur noch den linken Arm besaß und seinen rechten in der Vergangenheit verloren hatte. Umso beeindruckender war, wie er mit seiner linken Hand phantastisch und mit einer Schnelligkeit zeichnen konnte, worüber wir anerkennend staunten. Und in seinen Unterrichtsstunden wurde es kaum langweilig. Er animierte auch viele Schüler, sich in der Hobbymalerei zu versuchen.

In den drei oberen Schuljahren hatten wir Herrn Neuhold auch im Fach Geografie. Damals waren noch die Landkarten Usus, die in einem gesonderten Vorbereitungsraum zusammengerollt lagerten. Die für den Unterricht benötigten sind von einem beauftragten Schüler oder vom Lehrer selbst mitgebracht worden.

Recht lebendig gestaltete Herr Neuhold die jeweils 45 Unterrichtsminuten. Aber nicht jedem Jugendlichen schmeckte das Fach und einige, die vermutlich die schlechten Zensuren abfassten, bezeichneten den Lehrer abfällig mit „Unhold, der Kontinentenschreck".

Von den drei Fächern bei ihm blieb mir Astronomie noch recht lebhaft in Erinnerung. Damals war dies ein eigenständiges Lehrfach, das aber nur in der 10. Klasse auf dem Lehrplan stand. Unglücklicherweise war das Fach im Klassenstundenplan auf die 0. Stunde am Sonnabend (seinerzeit noch Unterrichtstag) gelegt worden, d. h. die Stunde begann 7.00 Uhr. Man kann sich gut vorstellen, dass viele noch gar nicht richtig aufgewacht waren, denn an den anderen Wochentagen begann der Unterricht um 8.00 Uhr. Aus dieser „müden" Truppe ragten nur mein Klassenkumpel Andreas Krumpaß und ich hervor. Und das aus gutem Grund, denn die Astronomie hatte uns schon jahrelang gefesselt und das nicht nur aufgrund der gerade beginnenden bemannten Raumfahrt. Zudem hatte Andreas ein eigenes Fernrohr mit Stativ, mit dem wir oft, auf´s Fahrrad geschwungen, in die Nähe des Wachbergs bei Rückmarsdorf fuhren, um der sternefilternden Luft über Leipzig zu entgehen. Die Astronomiestunde entwickelte sich meistens zu einem ausführlichen Dreiergespräch zwischen Herrn Neuhold und uns, fast schon zu einer Fachsimpelei. Einige Mitschüler bekamen „lange Ohren“ und andere „räkelten“ sich im Halbschlaf auf ihren Stühlen.

Aber es gab auch eine „reguläre“ Stoffvermittlung und es standen Kontrollübungen sowie Klassenarbeiten auf dem Programm. Bei der Rückgabe einer der Klassenarbeiten musste ich nicht schlecht staunen. Von erreichbaren 18 Punkten standen in roter Schrift – die Farbe der Lehrer – 25 Punkte darunter. Das ist Planübererfüllung. Dies konnte auch mein Kumpel Andreas vermelden.

IM SPORTUNTERRICHT

Das Areal der 45. Polytechnischen Oberschule (heute Robert-Schumann-Gymnasium) an der Demmeringstraße 84 hinterlässt einen bleibenden Eindruck. Von der Straße zweigt die Zufahrt ins Schulgelände durch ein schmiedeeisernes zweiflügeliges Tor ab. Die Zufahrt teilt den großen Schulhof in zwei Hälften und gabelt sich vor der Längsfront des imposanten Gebäudes. Die rechte Hälfte des Schulhofes begrenzt die Sporthalle, in der für alle Klassen die körperliche Ertüchtigung praktiziert wird. So hatte auch ich die Ehre, mit den Klassenkameraden ein- oder zweimal in der Woche den geruhsamen Sitzplatz im Klassenzimmer mit dem Holzfußboden in der Sporthalle oder der staubigen Aschenbahn zu tauschen.

Mit Beginn des 9. Schuljahres (1968/69) bekamen die Jungen einen neuen Sportlehrer zugeteilt. Und das war ein „harter Hund“, der kein Gramm Fett mit sich herumtrug. Schnell bekamen wir mit, dass er ein sehr guter Tennisspieler war und dann 1970 sogar in der DDR-Rangliste den 4. Platz belegte.

In den Unterrichtsstunden in der Halle ging es zumeist um Ausdauer, Geschicklichkeit und Kraft. Ein Faible musste er für die Kletterstangen gehabt haben. Da hatte ich ziemlich zu schnaufen, bis ich oben am Balken anschlagen konnte. Ganz anders mein Kumpel Andreas Krumpaß. Er sprang die vertikale Stange an, und in „Null-Komma-Nichts“ war er am oberen Ende. Langsam ließ er sich grinsend zum Boden zurückgleiten. Nicht umsonst war der Spitzname von Andreas „Quitschie“.

In der Sporthalle stand in den Wintermonaten häufig Geräteturnen auf dem Plan oder es waren verschiedene Übungen „im Kreisverkehr“ zu absolvieren. Das war manchmal gar nicht so lustig. Dafür kamen aber auch regelmäßig Mannschaftssportarten wie Volley-, Hand-, Basket- und Fußball zum Zuge.

In den wärmeren Monaten und wenn es nicht gerade „Hunde und Katzen" regnete, ging es hinaus an die frische Luft. Entweder schafften wir uns auf dem Schulhof oder es ging auf den Sportplatz. Da wussten wir schon, ach heute müssen wir wieder um den Acker hetzen. Die Frage war nur, welche Strecke darf es heute sein. Zum Karl-Enders-Sportpark gelangte man über die Demmeringstraße, die Unterführung der Eisenbahntrasse und auf dem Margeritenweg, parallel zum Schienenstrang. Zur Aufwärmung der Sportstunde gehörte gewöhnlich eine Stadionrunde, d.h. 400 m, wenn die Kurzstrecken trainiert wurden, entweder 60 m oder 100 m. Besonders hart waren die Tage, wenn uns der Sportlehrer auf die langen Strecken schickte. Die Krönung waren 3000 m. Da waren die meisten fix und fertig. Schade, dass im Stadionoval keine Bäume stehen, man hätte sich hinter dem Stamm verstecken und eine Runde aussetzen können. Das hätte Herr Schwink sicher bemerkt. Aber es gab auch Tage, an denen ein Fußball mit zum Sportplatz genommen wurde. Das war uns wesentlich lieber und versöhnte uns mit den Strapazen.

V. DEUTSCHES TURN- UND SPORTFEST DER DDR 1969

Die Staatsführung der DDR war seit der Gründung der Republik darauf bedacht, sportliche Aktivitäten bewusst zu fördern, da dies international für eine solide Reputation und Anerkennung sorgte. Besonders kam es dabei auf die Unterstützung der Leistungssportler an. Jedoch auch der Breitensport sollte nicht zu kurz kommen. Wahrscheinlich hatten die Machthaber damals schon erkannt, dass ein „gesundes Volk" nur auf der Grundlage einer auskömmlichen sportlichen Betätigung zur allgemeinen Wertschöpfung beitragen kann. In deren Folge war die Idee der Turn- und Sportfeste der DDR geboren, die zu einem Massenspektakel wurden und langfristig vorbereitet werden mussten. So auch für die fünfte Auflage, die zwischen 24. und 27. Juli 1969 im Leipziger Zentralstadion stattfand.

Mit Beginn des Jahres 1969 wurde an den oberen Klassenstufen der Schulen nachgefragt, ob Schüler Interesse daran haben, in den Sommerferien an der Osttribüne teilzunehmen. Für die Osttribüne wurden ca. 10000 Personen benötigt, die die Panoramabilder auf der östlichen Seite des Stadionovals legten. Mein Klassenkumpel Andreas Krumpaß und ich meldeten uns, weil wir nicht weit entfernt vom Stadion wohnten, das ja nur einen Steinwurf entfernt von Lindenau jenseits des Elsterbeckens liegt. Wir ließen uns überraschen, was da auf uns zukommt.

Im Vorfeld waren Formalitäten zu klären und als die Sommerferien begannen, lud man die Teilnehmer in Gruppen ein. Wir wurden von Kopf bis Fuß eingekleidet. Diese Sachen mussten die Eltern natürlich bezahlen. Zur gesamten Ausstaffierung gehörten eine Umhängetasche, u.a. auch ein Kochgeschirr mit Spiritustabletten und selbstverständlich das „Sortiment an Fahnen", die bei jedem Einsatz mitzubringen waren.

Probe der „Gestalter" der Osttribüne, 1969

Die Fahnen waren in etwa 80 cm breit und 60 cm hoch, waren seitlich links und rechts jeweils mit einem Tunneldurchzug, der an einer Seite zugenäht war, zum Durchstecken eines Holzstabes gearbeitet. Es müssen fünf oder sechs Fahnen gewesen sein, die beidseitig andere Farben auswiesen. Neben den vier Grundfarben waren es noch Violett, Orange, Schwarz, Weiß, Braun, Rosa, Hellgrau.

Jeden Tag erhielten wir einen Verpflegungsbeutel mit Konserven, Knackwurst, Süßigkeiten etc. Der Sommer 1969 war vorzüglich und im letzten Julidrittel begannen die Hundstage. Da haben wir uns vormittags auf die Räder geschwungen, sind an den Elster-Saale-Kanal zum Baden gefahren, haben unsere Spirituskocher in Betrieb gesetzt und täglich unsere Suppe gelöffelt. Für Abwechslung war da immerhin gesorgt. Es war einfach herrlich. Rechtzeitig traten wir den Rückweg an, denn die Proben fanden nachmittags im Zentralstadion statt.

Jeder hatte, wie im Koordinatensystem, seine unverwechselbare Position mit Nummer der Reihe und des Platzes. Bei der Ausstattung gab es auch eine Klemmtafel, in etwa A4-Größe, deren Schnur dem Vordermann um den Hals gelegt wurde, damit man die zu legenden Bilder besser ablesen konnte. Auf der Tafel waren rund 50 Bilder gelistet und bei jedem Bild war gekennzeichnet, welche Farbe man aufziehen musste.

Das Fahnensortiment legte man neben sich so hin, dass man nicht ewig die richtige Farbe suchen musste. Auf der gegenüberliegenden Stadionseite war der Regieturm, der alle Teilnehmer der Osttribüne bestens im Blick hatte. Von dort wurde über eine optische Signalanlage und akustisch über Lautsprecher,

Harry Kunze, Leiter Gestaltung Osttribüne, 1969

Osttribüne: Erfrischung bei 30 Grad im Schatten

die direkt auf die Osttribüne gerichtet waren, die Bildnummer angekündigt.

Man sah auf seiner Tafel nach, griff sich die zu zeigende Farbe, sprang die Anzeige neben der Bildnummer auf grün, zog man seine Fahne auf und stellte die Holzstäbe neben sich links und rechts auf die Bank. Wichtig war auch, damit das Gesamtbild stimmte, dass alle ihre weißen Mützen aufgesetzt hatten. Hatte sich nun einer der Teilnehmer in seiner Farbe vergriffen, dauerte es nicht lange, bis aus dem Lautsprecher der Säumige mit Reihe und Sitz genau angesprochen wurde.

Man musste sich konzentrieren, denn die Proben dauerten schon mal drei Stunden. Und das war bei der Hitze nicht ganz ohne. Jemand kam wohl auf die spitzfindige, vielleicht gutgemeinte Idee, für Abkühlung zu sorgen. An mehreren Stellen der Tribünenseite hielten Helfer sprudelnd spritzende Wasserschläuche in die ersten Reihen, so weit, wie sie kamen. Das hatte verheerende Folgen, denn reihenweise kippten die Leute um und die Reserve war bald aufgebraucht. Zum Glück saßen Andreas und ich in der oberen Hälfte der Tribüne. Wir hatten Wasserflaschen mit. Zwischen den Sitzreihen war nur aufgeschütteter und verdichteter Erdstoff. Wir buddelten Löcher hinein und versenkten unsere Flaschen darin. So blieb der Inhalt einigermaßen kühl.

Bei den offiziellen Veranstaltungen gab es vom Regieturm her nur selten Rügen an die Osttribüne, man hatte ja gut trainiert. Besonders interessant waren die Abendveranstaltungen. Neben dem Satz Fahnen wurden Tafeln ausgegeben, die

Übungsverband „Dynamo“ beim V. DTSF, 1969, im Hintergrund ein Propagandabild der Ostribüne

etwas größer als die Fahnen und beidseitig fluoreszierend beschichtet waren. Der Effekt wurde sichtbar, wenn man die vom Rasen her auf die Osttribüne gerichteten UV-Lampen einschaltete. Die ganze Fläche schien zu glühen. Aus Blödsinn zupften wir von den Rändern der Tafeln kleine Stücke ab und klebten uns diese auf Stirn, Nase und Wangen und taten es den Glühwürmchen gleich.

Auch meine Frau nahm am V. Deutschen Turn- und Sportfest teil. Damals wussten wir nur voneinander nichts. Kein Wunder, denn für mich ging es in das letzte Schuljahr, während Elke erst in die 5. Klasse kam. Ihr „Betätigungsfeld“ war auf dem grünen Rasen. Die Sportgruppen der Kinder begannen schon ca. ein halbes Jahr eher mit den Vorbereitungen als die Osttribüne, denn das Programm musste einstudiert werden und sitzen.

Zuvor wurden die Kinder akribisch geprüft und ausgewählt. Die ersten Proben fanden für Elke in der Sporthalle ihrer Helmholtzschule statt, später in größeren Verbänden auf der damaligen Alfred-Rosch-Kampfbahn in Kleinzschocher.

In der unmittelbaren Vorbereitungsphase vor dem Fest wurden die Kinder ebenfalls einheitlich und kostenpflichtig eingekleidet. Elke gehörte zu denen,

Zentralstadion während der Sportschau zum V. Deutschen Turn- und Sportfest, 1969

die in einem gelben Outfit auftraten. Um die Darbietungen generalstabsmäßig mit verschiedenen Sportgeräten proben zu können, wurden die Kinder internatsmäßig in der ehemaligen 144. POS, der heutigen Nachbarschaftsschule, untergebracht. Interessant ist, dass alle Mädchen in Gelb auch gelbe Waschschüsseln hatten und die in Orange passend orangefarbene Waschschüsseln. Gut erinnern kann sich Elke noch daran, dass viele kleine Insekten die gelbe Farbe unheimlich liebten und sie ständig Besuch hatte bei den Vorführungen auf dem Rasen im Zentralstadion.

An dieses Turn- und Sportfest müssen wir hin und wieder amüsiert zurückdenken. Es war eine doch nicht alltägliche Erfahrung in jungen Jahren, unabhängig von der politischen Motivation und den tropischen Temperaturen. Übrigens, die nächste Auflage der Veranstaltung sollte erst acht Jahre später stattfinden.

HORST, RUHE IN FRIEDEN

Von der 8. bis zur 10. Klasse gehörte Horst Dutsch mit zu meinem engsten Freundeskreis. Ein kleingewachsener, aufgeweckter Blondschopf, stets mit einem verschmitzten Lächeln im Gesicht unterwegs und ausgesprochen sportlich. Seit Kindesbeinen an war seine Leidenschaft der Fußball und er spielte aktiv bei der BSG Motor Armaturen Leipzig auf dem Sportplatz „An der Schafswiese", heute Manfred-von-Brauchitsch-Sportplatz an der Friesenstraße gegenüber der Kleingartenanlage des Schrebervereins Leipzig-Lindenau e.V. Die Besonderheit des Spielfeldes ist, dass im Strafraum der einen Platzhälfte die Abdeckung eines Abwasserschachtes die Rasenfläche unterbricht.

Horst durchlief alle Altersklassen von den Kindern bis zu den Junioren und war ein begnadeter Dribbelkünstler. Wenn wir in der Sportstunde Fußball spielten, wollte jede der beiden Mannschaften ihn in ihren Reihen haben. In der 10. Klasse war er einige Zeit nicht im Unterricht. Keiner ahnte, dass er ernsthaft erkrankt war. Die Tragik offenbarte sich erst, als unsere Schulzeit vorüber war, und wir inzwischen in alle Winde verstreut waren. Die Ärzte hatten festgestellt, dass Horst an Leukämie litt. Die Behandlungsmöglichkeiten waren damals leider noch in einem Stadium, das ihm keine Heilung brachte. Anfang 1971, im jungen Alter von gerade 17 Jahren, er hatte gerade erst so richtig zu leben begonnen, musste er die Welt wieder verlassen – unfassbar.

DIE BSG EMPOR LINDENAU UND MEINE MUTTI

Der heutige SV Lindenau 1848 e.V. hieß ab Mitte der 1950er Jahre BSG Empor Lindenau, bis zum Ende der DDR. Der Verein konnte auf erstaunlich viele Mitglieder verweisen und manche spätere Leistungssportlerin oder mancher Leistungssportler hatte am Charlottenhof ihre bzw. seine sportliche Laufbahn begonnen. Eine der über Tausend Mitglieder war meine Mutti in der Sektion Gymnastik.

Nach unserem Umzug von Kleinzschocher nach Lindenau im November 1959 hatte sie sich noch im gleichen Jahr bei der BSG angemeldet und blieb Mitglied bis 2009 im Alter von 82 Jahren. Jeden Donnerstagabend zog meine Mutti los, um pünktlich 19.30 Uhr zumeist in der Sporthalle in der GutsMuthsstraße 16 zu sein. Rund eine Stunde turnten dort die Damen, die eine verschworene Truppe waren. Danach gingen fast alle noch auf einen kleinen Umtrunk in das Stammlokal „Gambrinus" in der Odermannstraße 12. Stets hatten sie dort ihren reservierten Tisch und wenn die Sportfreundinnen anrückten, verteilten sich die dort Sitzenden flugs an andere Tische oder die Theke. Nach einer Woche hatten sich die Damen genug zu erzählen. War eine Stunde vergangen, brachen sie auf und machten sich auf den Heimweg. Damals war das ohne Bedenken noch möglich. Konnten die Sportfreundinnen mal nicht in die Sporthalle in der GutsMuthsstraße, nutzten sie die Halle in der Friesenstraße 6. Im Sommer, wenn Petrus donnerstags nicht gerade den Wasserhahn aufdrehte, waren sie immer auf dem Charlottenhof zugange.

Aufnäher der BSG Empor Lindenau, 1970

Auch außerhalb ihrer Sportstunde sahen sie sich regelmäßig, entweder in kleinen Gruppen oder dann die gesamte „Mannschaft" bei Ausflügen solo oder mit den Ehemännern. Das muss schon eine lustige Truppe gewesen sein.

Der Autor selbst war nur ein passiver Sportler, dafür aber regelmäßig bei den Fußballern, die Anfang der 1970er Jahre keine schlechte Figur auf Bezirksebene abgaben. Das war

Sporthalle in der GutsMuthsstraße, 2022

Nach dem Sport noch in die Tankstelle „Gambrinus“ in der Odermannstraße 12, 2022

natürlich nicht zu vergleichen mit der Abteilung Hockey, die die exzellenten DDR-Nationalspieler Dieter Klauß (Rekordnationalspieler) und Eckehard Wallosek in den Reihen ihrer Mannschaft hatte. Bei diesem schnellen Spiel zuzuschauen, war schon eine Augenweide. In der Saison 1986/87 wurden die Männer der BSG Empor Lindenau sogar DDR-Meister im Feldhockey vor dem ewigen Primus der Liga Traktor Osternienburg.

MIT STRASSENBAHN UND BUS ZU DEN LEHRLINGSBAUSTELLEN IM OSTEN

Anfang September 1990 begann ich meine Berufsausbildung als Baufacharbeiter mit Abitur beim VEB Baukombinat Leipzig. In den drei Jahren war das Ausbildungsprogramm so angelegt, dass zwei Wochen Theorie in der Berufsschule Makarenko in der Neustädter Straße 1, im heutigen „Wilden Osten", anstanden und eine Woche Praxis auf den Baustellen.

Die erste Baustelle war für mich in Schleußig. Dorthin fuhr ich von zu Hause mit dem Fahrrad und war schneller als mit den öffentlichen Nahverkehrsmitteln. Hinter der 48. Polytechnischen Oberschule in direkter Nachbarschaft zur Roten Diskothek errichteten die Lehrlinge unter gestrenger Aufsicht der Lehrmeister einen Kindergarten.

Mein Ausbilder war Herr Maffee, der Jüngste unter den Lehrmeistern, so um die 30 Jahre alt. Er war streng in den praktischen Handwerksleistungen, aber ansonsten sehr umgänglich. Auf die Palme brachte man ihn, redete man ihn mit „Herr Maffay" an. Denn diesen Sänger, der gerade mit seinem Dauerbrenner „Du" in den Radios hoch und runter dudelte, konnte er absolut nicht ertragen. Der Kindergarten erlebte leider keinen 50. Geburtstag. Aus der ehemaligen 48. POS wurde die „Leipzig International School", die expandierte und am Grundstück des Kindergartens interessiert war.

Meine zweite Baustelle befand sich im Reichsbahnausbesserungswerk (RAW) Engelsdorf. Das bedeutete eine „Weltreise" quer durch die Messestadt, von Westen nach Osten. Da hieß es, sehr zeitig aufzustehen. Die Nacht endete um 4.30 Uhr. Die erste Straßenbahn der Linie 15 fuhr kurz nach 5.00 Uhr von der Endstelle Plautstraße los. Dort stieg mein Klassenfreund Bernd Käseberg aus dem „Duncker-Viertel" ein und war so nett, mir einen Sitzplatz zu reservieren.

Straßenbahnhof der DSF an der Angerbrücke, 1975

Ich stieg an der Haltestelle Merseburger Straße zu. Gemeinsam fuhren wir bis zum Johannisplatz. Hier war die Endstelle für die Buslinien M und Z. Umsteigen in den Bus der Linie M in Richtung Mölkau und Engelsdorf. An der Haltestelle Werkstättenstraße hieß es aussteigen. Fast alle Insassen des Busses strebten dem Eingang zum RAW mit der Pförtnerloge zu. Pünktlich um 6.00 Uhr standen wir Lehrlinge umgezogen vor dem Mörtelbottich zum Arbeitsbeginn.

Ich hoffte, dass die nächste Baustelle nicht wieder in so weiter Entfernung von zu Hause sein wird. Aber falsch gedacht, denn die nächste war noch eine Idee östlicher gelegen, der Nachbar des RAW, der VEB Baumechanisierung Leipzig. Na ja, das ganze Prozedere noch einmal, man kannte es nun. Der Unterschied war nur, dass man mit der Buslinie M von einer Endstelle zur anderen fuhr. Oder, das hatte ich auch ausprobiert, ich konnte von zu Hause aus die GutsMuthsstraße hinauf bis zur Karl-Heine-Straße laufen und an der Haltestelle Merseburger Straße in die Straßenbahn der Linie 2 einsteigen. So gelangte ich ohne umzusteigen bis nach Engelsdorf zur Haltestelle Arthur-Winkler-Straße.

In den Bussen und Bahnen der Leipziger Verkehrsbetriebe (LVB) waren Anfang der 1970er Jahre Zahlboxen angebracht. Man warf die Münzen oben in einen kleinen Trichter ein. Darunter war eine in sechs Fächer geteilte Scheibe. In das oben stehende Fach fielen die Münzen. Rechts war ein Hebel, den man zu betätigen hatte, die Scheibe drehte sich um ein Fach weiter und unterhalb des Hebels spuckte der Apparat den Fahrschein aus, der an einer Zähnung abzureißen war. Die Rollenfahrscheine waren durchgehend sechsstellig nummeriert.

Einmal bei der Heimfahrt von der Baustelle in der Straßenbahn fiel uns beim Bezahlen auf, dass bald der Fahrschein mit einer sechsstelligen Ziffernfolge (z. B. 333333) kommen musste, je nachdem, wie viele Personen zustiegen. Es stiegen jedoch weniger Leute ein als gedacht, wir mussten bald selbst aussteigen und der Sechssteller war noch in der Zahlbox. Was tun? Man brauchte den Hebel nur gekonnt in die Mittelstellung bewegen und schon zog man ohne Widerstand an der Rolle, bis endlich die Abschnitt mit den sechs gleichen Ziffern erschien. Das war wieder ein Erfolgserlebnis.

LVB-MONATSKARTE

Schüler und Auszubildende hatten die Vergünstigung, mit Straßenbahn und Bus bei den Leipziger Verkehrsbetrieben (LVB) zu reduzierten Preisen von A nach B zu gelangen. Das wusste ich schon seit der 3. Klasse, als ich auf die „Russisch-Schule“ an der Uhlandstraße ging, aber selbst keine Monatskarte brauchte, da ich den Schulweg zu Fuß lief. Mit Beginn der Berufsausbildung sah das jedoch anders aus. Die Betriebsberufsschule „Makarenko“ befand und befindet sich in der Neustädter Straße 1 im heute heißen Dunstkreis der Eisenbahnstraße, damals noch die Ernst-Thälmann-Straße, im Osten.

Die Monatskarten hatten in etwa A6-Format, so dass sie bequem in Jackentaschen passten. Links waren untereinander drei leere Felder angeordnet, in die drei Linien eingestempelt werden konnten. Mittig waren die technischen Daten des Karteninhabers vermerkt und oben zwei Felder für die Monatsmarken sowie rechts das Lichtbild, das mit zwei Ösen auf dem dicken Karton der Karte befestigt war. Die normale Monatskarte für eine Linie kostete 8 Mark, für zwei Linien 11 Mark und für drei Linien 13 Mark. Die ermäßigte Variante für generell drei Linien kostete 7 Mark und über die Monatskarte verlief ein diagonaler roter Streifen, von weitem gut erkennbar.

Nahte ein neuer Monat, besorgte ich mir die Marke entweder an der Angerbrücke oder am Busbahnhof Lindenau. Dazu musste man am Schalter seine Monatskarte unter der Glasscheibe hindurchschieben. Die Bediensteten schauten sich die Karten kurz an. Waren zu viele Marken übereinander, lösten sie mittels Messer die oberen ab, klebten die neue Marke auf und im Gegenzug bezahlte man dann den Betrag. Wünschte der Kunde eine Veränderung der Linien, klebte man einen Vordruck darüber, bei dem das Marken- und Lichtbildfeld ausgeklammert war. Auf meiner ersten Monatskarte ließ ich die Straßenbahnlinien 2 und 15 sowie die Buslinie M einstempeln.

SALZSTANGEN VOM VEB PREMIER LEIPZIG

Ein sehr begehrtes Produkt im Lebensmitteleinzelhandel waren, wenn man sie bekam, Salzstangen aus dem Lindenauer Betrieb in der Demmeringstraße 49. Sie waren abgepackt in durchsichtiger Kunststofffolie in handlicher Größe mit Aufdruck. Eher hatte man Glück mit dem Salzstangenbruch in Papiertüten. Die bei der Herstellung zerbrochenen Exemplare waren direkt für den Bevölkerungsbedarf gedacht. So erzählte es die Mutter meines Schulfreundes Lothar Christel, die bei Premier im Schichtbetrieb arbeitete.

Von meinem Fenster im Kinderzimmer aus konnte ich mit Blick nach rechts direkt in die erleuchteten Fenster im 2. Obergeschoss sehen. Noch besser ging dies vom Balkon aus. Wenn es warm war, saß ich nachmittags und am Abend gern hier, las die breit aufgeschlagene Zeitung auf dem Klapptisch, las in einem Buch oder hatte sonst etwas zu tun.

Hinterhofblick auf das ehemalige Premierwerk, 1992

Immer mal wieder wendete sich der Blick nach drüben, denn bei warmer Witterung standen viele der Fenster an der Produktionslinie offen und die Geräusche der Maschinen sowie die lauten Stimmen der Beschäftigten drangen herüber. Hin und wieder schaute eine der Arbeiterinnen in weißem Kittel und mit Schutzhaube aus dem Fenster und musterte die Umgebung draußen auch in Richtung der Lützner Straße 86. Wurde ich auf dem Balkon sitzend erspäht, winkte die eine oder andere schon mal zu mir herüber. Je nach Schicht waren auch ein paar junge Schmucke darunter.

Die Spätschicht am Freitag setzte stets zum Großreinemachen an. Das lief, bei geöffneten Fenstern, recht geräuschvoll ab. Mit Besen und Schaufeln ging es da zur Sache. Irgendwann bemerkte ich einmal, dass über den Knetkesseln für die Rohmasse, deren rotierende Arme sich ständig auf- und abbewegten, ein Schatten auftauchte. Nanu, was war das denn? Eine Weile danach ein zweites Mal. Und tatsächlich, der Schatten war ein Schaufelblatt. Aha, mir dämmerte es, obwohl ich es nicht richtig glauben konnte. Der Kehricht wanderte in den Bottich. Wahrscheinlich als Füllstoff, oder?

Dennoch habe ich auch später die Salzstangen von Premier, hauptsächlich den Salzstangenbruch, konsumiert und konnte keine Nachwirkungen feststellen. Vielleicht waren es doch genehmigte Beimengungen.

MUSTERUNG

Im Februar 1972 wurde ich volljährig. Es war kaum ein Monat vergangen, als ich einen Brief vom Wehrkreiskommando Leipzig im Briefkasten vorfand. Darin stand, dass ich mich zu einem bestimmten Termin zur vorgegebenen Uhrzeit auf dem Karl-Enders-Sportpark, der Spielstätte der BSG Motor Lindenau und der BSG Fortschritt West, mit den und den Unterlagen einzufinden habe. Da schwang gleich der militärische Befehlston mit. Diese Vorladung präsentierte ich dem Obermeister meiner Betriebsberufsschule, wie alle anderen auch, die das „beglückende" Schreiben erhalten hatten, denn man brauchte dies für eine Entschuldigung an diesem Tag.

Schließlich war der verheißungsvolle Zeitpunkt gekommen. Ich war fünf Minuten vor dem ausgewiesenen Termin an der Baracke auf dem Sportplatz. Beim Betreten fühlte ich mich schon einmal in eine Kaserne hinein versetzt. Der Uniformierte am Eingang verlangte die mitzubringenden Papiere zu sehen, verglich mit Adleraugen das Foto im Personalausweis mit dem, der ihm da gegenüber stand, und wies mich an, im Warteraum Platz zu nehmen.

Ich steuerte einen freien Platz am Fenster an und hatte so einen Überblick über den gesamten Raum mit Direktsicht auf die Tür, hinter der das Grauen wartete. Mit mir waren noch vier oder fünf weitere junge Männer im Warteraum. Einer hatte einen kürzeren Haarschnitt als wir anderen und da vermutete ich, dass er wohl einer ist, der sich für drei Jahre verpflichten wird, also ein zukünftiger Unteroffizier, der später die Soldaten seiner ihm zugeteilten Gruppe quält. Als ich dann dienen musste, nannten wir die Unteroffiziersschüler „Schnürsenkelgefreite" ob ihrer Schulterstücke mit der farblichen Kennung ihrer Waffengattung.

Der rechts neben mir Sitzende hatte dagegen eine Haarpracht wie Robert Plant, der Sänger von Led Zeppelin, und döste vor sich hin. Als man ihn aufrief, schnappte er sich seinen Hebammenkoffer, das war damals in, und lenkte seine Schritte in Richtung besagter Tür. Beim Eintreten und dem Schließen der Tür vernahm ich, wie er tönte: „Hallo Fans, ich komme auf eure Annonce." Eine Sekunde lang herrschte Ruhe. Dann setzte hinter der Tür ein markerschütterndes Brüllen an, in dem es sinngemäss hieß, was er sich einfallen ließe, wer er denn eigentlich sei und dass sein Benehmen noch ein Nachspiel haben werde.

Ehemaliger Musterungsstützpunkt auf dem Karl-Enders-Sportpark, 2022

Keine halbe Minute danach flog die Tür auf und Robert Plant Nr. 2 verließ den Raum grinsend zu uns gewandt und stiefelte zum Ausgang. Diesen Auftritt hatte er garantiert so geplant.

Alle saßen wie verdattert auf ihren Sitzen und keiner wagte es, einen Ton von sich zu geben. Nach der anfangs abgefragten Reihenfolge im Warteraum musste ich nun der Nächste sein, den die Bestie erwartete. Die Sekunden verrannen und mein Blutdruck schien auf ungeahnte Höhen zu steigen.

Dann vernahm ich meinen Namen und das Herz schien mir in die Hosentasche zu rutschen. Ich betrat den Raum. An mehreren zusammengestellten Tischen vor dem Fenster saßen drei Uniformierte. Der Brocken in der Mitte dürfte der Wortführer sein. Da hatte ich richtig getippt. Nachdem ich höflich gegrüßt hatte, erwiderte der Dicke: „Guten Tag, Genosse." Das steckt so bei Tagedienern drin. Sein Dienstgrad, nach den Schulterstücken zu urteilen, war wohl Major, wie ich mich erinnere, denn erst im Wehrdienst paukten wir die Rangfolge. Er trug geflochtene Schulterstücke mit je einem goldenen Pickel. Die Geflochtenen hießen bei uns Grundwehrdienstlern „Raupenschlepper".

Auf den Tischen lagen ausgebreitet Unterlagen. Der Polterkopf fragte mich in ruhigem Ton, er hatte sich selbst wohl schon wieder heruntergefahren, nach meinem Namen und in welchem Berufszweig ich derzeit in Ausbildung sei.

Mit innerer Spannung erwartete ich, da ich mich für ein Studium beworben hatte, dass das Gespräch auf eine Verpflichtung für drei Jahre hinlenken könnte. Es war allgemein bekannt, dass Studierwillige als Gegenleistung für ein Studium, das der Staat bezahlte, mehr als nur 18 Monate die Uniform tragen sollten. Eigenartigerweise blieb diese Wendung aus und heilfroh verließ ich diesen Vernehmungsraum. Welche Waffengattung mich allerdings erwarten würde, das blieb vorerst im Dunkeln.

SCHMALFILMEN

Mit den Trickfilmen, die im DDR-Fernsehen ab Ende der 1960er Jahre samstags nach dem Sandmännchen liefen, wurde ich angespornt, nicht nur „Standbilder" zu produzieren, sondern besser bewegte Bilder. Mit den ersten monatlichen Lehrlingsgeldern sparte ich auf eine Schmalfilmkamera, bis die nötigen Moneten beisammen waren. Vorher hatte ich mich schon kundig gemacht, welche

Modelle der Markt überhaupt hergab. Schließlich entschied ich mich 1971 für eine Doppel-Super-8-Filmkamera von Meopta (ČSSR), Admira A8 G2 Supra mit Federwerk, eingebautem vollautomatischen Belichtungsmesser, Filmlängenanzeige und Einzelbildaufnahme aus dem Fotogeschäft in der Merseburger Straße.

Anfangs filmte ich nur in Schwarzweiß, da es erst später auch Farbmaterial für Schmalfilme gab. Hergestellt wurden die ORWO-Filme als Umkehrfilme mit einer Länge von 2 x 10 Metern. Das bedeutete, dass beim Einlegen des Filmes in die Kamera und bei der kurzen Kontrolle des korrekten Filmlaufs schon etwas belichtetes Material verloren ging. War die erste Seite aufgenommen, tauschte man beide Spulen und auf der zweiten Spur nahm man nun auf. Der Hobbyfilmer hätte seine Aufnahmen vielleicht noch selbst entwickeln können, aber bei einem Umkehrfilm mussten beide Spuren auf einer Länge von 10 m längs akkurat auseinandergeschnitten werden. Und solch eine Apparatur besaß ich nicht. Deshalb war in der Verpackung zur Filmdose vorsorglich ein Versandbrief beigefügt, in die die Filmdose zu stecken und an die Entwicklungsanstalt in Berlin-Johannisthal, Groß-Berliner Damm, zu senden war. Besonders nach den Sommermonaten dauerte es manchmal bis in den November hinein, ehe das Langersehnte zu Hause im Briefkasten lag. Ich konnte mich oftmals gar nicht mehr so recht erinnern, was ich alles so im Detail aufgenommen hatte. Jetzt ging es ans Sichten der Aufnahmen.

Beim Schmalfilmen ist es mit einer Kamera allein nicht getan. Man benötigt noch einiges Zubehör. Dazu zählen ein Schmalfilmbetrachter, ein kombiniertes Schneide- und Klebegerät sowie ein Projektor. All diese Gerätschaften aus tschechoslowakischer Produktion kaufte ich mir ebenfalls.

Nun legte ich den Film in den Schmalfilmbetrachter ein, links die volle Spule und rechts die Aufwickelspule. Per Mattscheibe konnte ich mir zunächst über beide Filmspuren einen Überblick verschaffen, Bild für Bild betrachten und mittels eines Handhebels mit Spitze signieren, welche Aufnahmen in die Tonne wandern müssen. Dann folgte der zweite Schritt. Gedanklich war ich mir über den Handlungsablauf im Klaren und es müssen die passenden Filmsequenzen in die richtige Reihenfolge kommen.

Das „Herstellen“ der einzelnen Filmschnipsel geschieht über das Schneide- und Klebegerät. Man wechselte also ständig zwischen den beiden Apparaturen. Beim Zuschneiden tat sich ein kleines, nicht geahntes Problem auf. Die widerspenstigen Filmstreifen rollten sich stets in ihre vorherige „Zwangsstellung“

ein. Das wäre ein richtiger Bandsalat wie bei Tonbändern geworden. Mir kam aber eine einfache Idee, wie ich der Filmsequenzen Herr werden konnte. Ich nahm mir die Rückseite eines A4-Schreibblocks und schnitt an einer Längsseite nebeneinander mit der Schere Kerben in den Karton, in die ich den jeweiligen Anfang der Filmstreifen einschob. Damit war die Reihenfolge des fertigen Films vorgegeben. Simpel, funktionierte aber prächtig.

Im dritten Arbeitsschritt werden die Filmsequenzen mittels des Schneide- und Klebegeräts zusammengefügt. Die Enden der beiden Filmstreifen werden mit dem Kombigerät passend für die Klebestelle geschnitten und arretiert, ein Ende mit Filmkitt versehen und das andere Ende durch Anpressdruck vom Gerät mit diesem verbunden. Nach knapp 30 Sekunden prüfte ich, ob die Klebstelle auch hält, denn es ist umso nervender, wenn sich später bei der Filmvorführung eine Klebstelle verabschiedet.

Es dauert schon eine geraume Zeit, bis ein Film fertiggestellt ist. Dazu kommt noch Kennband in Grün für den Vorspann und in Rot für den Abspann. Ab dem zweiten Film hatte ich dann noch Filmtitel und diverse Angaben mit einem weiteren Zubehörteil mittels Einzelbildaufnahme durch die Kamera eingefügt.

Der vierte und erhebende Schritt war dann die Vorführung des Aufgenommenen über den Projektor vor versammelter Familie oder Freunden. Da war ich doch recht stolz gewesen.

Ein Manko hatte damals das Schmalfilmen. Es waren alles Stummfilme. In unseren DDR-Geschäften habe ich nicht solche Kopplungsgeräte für Vertonungen gesehen. In der ČSSR gab es diese, jedoch im Bruderland eines zu erstehen überstieg die Umtauschmöglichkeit von Mark in Kronen. Aber ich hatte es so akzeptiert und gab während der Vorführung zu den Aufnahmen meine passenden und unpassenden Kommentare.

In meinem ersten Film, rund fünf Minuten, richtete ich die Kamera mehr oder minder auf etwas für mich Interessantes, was da gerade vor die Linse kam. Der zweite Film hatte schon eine Länge von fast 30 Minuten. Nach dem ersten Lehrjahr fuhr die Klasse mit den Lehrmeistern für eine Woche nach Rathen. Dort lohnten sich die Aufnahmen, wie z. B. die Elbfahrt auf einem Raddampfer, direkt neben dem Schaufelrad im Freien an einem Tisch Lehrlinge und Lehrmeister gemeinsam Bier trinkend.

Einen ebenso langen Film drehte ich in Bakenberg, an der Nordküste Rügens. Dort reizte ich einmal die Einzelbildaufnahme bei einem Sonnenuntergang voll aus. Die Kamera auf dem Stativ, den Drahtauslöser in der Hand und aller zehn Sekunden eine Aufnahme vom untergehenden Sonnenball. Diese Zeitrafferaufnahme im Projektor später zu sehen, war einfach herrlich und belustigend.

Die Filmkamera ist auch in Lindenau zum Einsatz gekommen. Aus unserem Wohnzimmerfenster heraus habe ich das Gewusel auf der Lützner Straße mit einem bergan fahrenden Straßenbahnzug aufgenommen, auch den Bereich um den S-Bahn-Haltepunkt Lindenau hatte ich abgelichtet sowie den Abschied vom zivilen Leben in der Kleingartenanlage „Am Hafen“ kurz vor der Einberufung.

Bis Ende der 1980er Jahre tat die Admira-Kamera treu ihre Dienste. Inzwischen waren auf den laufenden Bildern auch beide Kinder verewigt. Insgesamt sind knapp 20 Filme entstanden, bis schließlich die Videokamera ihren Vorgänger verdrängte. Es war ein lohnenswertes Hobby, mit dem ich schöne Erinnerungen verbinde.

HEIMATKUNDE MIT „KNEIPKUREN“

Sage niemand, dass sich Heimatkunde und „Kneipkuren“ nicht miteinander kombinieren lassen. Das geht sehr gut. Anfang der 1970er Jahre erkundeten mein Schulkumpel Andreas Krumpaß und ich unter diesem Aspekt unseren Kiez. Entweder starteten wir zu unseren Touren bei Andreas oder bei mir bzw. wir trafen uns am CENTRUM-Warenhaus.

Holte ich ihn ab, blickten wir anfangs zuerst quer über die Merseburger Straße in die Gaststätte „Zum Sängerheim“. Dort behagte es uns auf Dauer aber nicht sonderlich. Danach schlugen wir die andere Richtung zur Georg-Schwarz-Straße ein, denn gleich an der Ecke, gegenüber dem Textilfachgeschäft „Flax und Krümel“ (Georg-Schwarz-Straße 15), winkte die Kneipe „Zur guten Quelle“, die bei Insidern nur „Taschentuchdiele“ hieß. Betrat man das Lokal, stand man am Tresen und hatte Mühe sich nach links zu den Tischen vorzukämpfen. Über den Tischen hingen Lampen in Form von Halbkugeln, über die jeweils ein besseres Wischtuch gestülpt war. Wenn wir Glück hatten, bekamen wir zwei Plätze an einem der Tische. Wenn nicht, zogen wir weiter.

Ein Katzensprung schräg über die Georg-Schwarz-Straße und am nächsten Eckhaus lockte die Schänke „Zum fröhlichen Zecher“. Hier hatte man eher die Chance, einen freien Stuhl zu ergattern. Aber hier kehrten wir seltener ein.

„Taschentuchdiele“ – Bierstube „Gute Quelle“, Georg-Schwarz-Straße 15, 1993

„Rote Plumpe“ mit Spielplatz im Kleingartenverein „Bach´sche Erben“, 1993

Dafür eher an der nächsten Straßenkreuzung im „Waldhof". Einmal, als wir beim Bier über den verflossenen Tag sowie Gott und die Welt sprachen, fiel der Blick von Andreas auf den „einarmigen Banditen" an der Wand. Er stand auf und steckte eine Münze in den Spielautomaten. Einen Augenblick später warf dieser Kleingeld aus, wie schön. Ob es auch beim zweiten Mal glückte? Andreas fütterte ihn erneut und prompt spuckte er abermals Geld aus. War das nur Zufall? Auch beim dritten Mal wurde Andreas vom Automaten belohnt. Na, nun wollen wir mal sehen, wie lange das Spielchen noch geht, sagte er. Und tatsächlich zeigte sich der Apparat jedes Mal erkenntlich. Irgendwann drang das Rasseln des erfreuenden Geräusches auch an die Ohren des Wirtes. Misstrauisch blickend kam er um die Ecke und schaute sich das Treiben zweimal an. Dann bekam er wohl Manschetten, dass Andreas den ganzen Automaten leer räumen würde und zog kurzerhand den Stecker aus der Steckdose. Aus der Traum vom „Millionär". Der Gewinn reichte aber allemal zum Bezahlen der Zeche.

Zu den nächsten beiden Kneipen „Forsthaus" und „Waldschlößchen" waren es nur knapp fünf Minuten zu Fuß. In diesen zwei Wirtshäusern waren wir in den Jahren unserer Rundgänge nicht sehr häufig. Am vorläufig letzten Tag unseres zivilen Lebens, am 31. Oktober 1973, kehrten Andreas und ich zum Frühschoppen im „Forsthaus" ein, da es bereits geöffnet hatte.

Kontinuierlich zog es uns dagegen in den „Charlottenhof" am Sportplatz der BSG Empor Lindenau. Die beiden „Hauptkellner" kannten uns schon recht gut, so dass wir hier regelmäßig Station machten und auch ordentlich konsumierten. Im „Charly" fühlten wir uns wohl. Manchmal ließen wir in den Sommermonaten den Sportplatz links liegen und gingen ein kurzes Wegstück weiter bis zur Einmündung der Wasser- und Angerstraße in die Erich-Köhn-Straße. Die Gartenkantine „Rote Plumpe" des Kleingärtnervereins „Bach´sche Erben" war ein beliebter Treffpunkt, man saß herrlich im Freien und traf kuriose Typen.

Unser Streifzug führte uns nun durch die von Industriebetrieben geprägte Angerstraße bis zur Ecke Kuhturmstraße. Dort lockte das „Sternburgeck" zum Verweilen. Nachdem man eingetreten war, sah man an der hinteren Stirnseite einen riesigen Spiegel. In diesem Lokal war es meist sehr voll und wir waren nur selten Gast. Vermutlich war die gute Lage am Knotenpunkt Angerbrücke und die Position als erste Gaststätte, wenn man von der Innenstadt nach Lindenau kam, ausschlaggebend für die Fülle. Wir lenkten nun unsere Schritte, vorbei an der Musikalischen Komödie, in die Dreilindenstraße und gelangten zum „Gast-

und Logierhaus Zur Linde". Vom Fußweg führten ein halbes Dutzend Stufen hinauf zur Eingangstür. Das Wirtshaus gehörte mit zu unseren Stammkneipen. Hier waren wir häufig, denn das Bier schmeckte uns und das Speisenangebot war recht ansprechend für unseren Lehrlingsgeldbeutel. Außerdem entsprach die nette Atmosphäre unseren Vorstellungen.

Keine 50 Meter bis zum Lindenauer Markt und schon kam die nächste Gaststätte, das „Marktschlößchen". Darin ging es recht beengt zu. Wenigstens hatten wir auch diese Lokalität einmal von innen betrachtet. Über den damaligen Wilhelm-Liebknecht-Platz lenkten uns unsere Füße zur richtigen Kaschemme „Zum Haferkasten". Hier verkehrten schon recht seltsame Gestalten. Es wirkte alles etwas dubios in dieser vernebelten Kneipe. Man konnte sich gut vorstellen, dass in dieser Spelunke spätabends die Zeche mit dem Revolver eingesammelt wurde. Ein kurzes Wegstück weiter, vorbei u.a. am Imbiss und am Briefmarkenladen, bis zum Ende des Lindenauer Marktes, befindet sich rechts um die Ecke in der Demmeringstraße das Restaurant „Grüne Eiche". Hier lenkten wir die Schritte nur einmal hinein. Das Innenleben des Hauses empfanden wir als Lehrlinge doch höchst versnobt und mieden es fortan.

Manchmal waren wir ca. 200 Meter vom Lindenauer Markt entfernt in der „Augustenburg" gegenüber der Nathanaelkirche. Beim Betreten des geräumigen Restaurants fiel das große Wandgemälde an der gegenüberliegenden Seite ins Auge. Hier saß man recht angenehm.

Das nächste Ziel war eines unserer beliebtesten Anlaufpunkte in Lindenau, die Gaststätte „Gambrinus". Ca. 10 Stufen sind vom Fußweg aus bis zum Eingang zu erklimmen. Öffnete man die Tür, stand man gleich vor dem Tresen und begrüßte den Wirt Manfred Schwarzer. Er hatte seinen Laden schwer in Ordnung und achtete immer darauf, dass es bei ihm gesittet zuging. Es wurde erzählt, dass er einmal bei einer Schlägerei den Anstifter eines Tumults beim Kragen packte, die Tür aufriss und den Störenfried mittels Tritt in den Allerwertesten die Stufen hinunterbeförderte, so dass der Kumpan sogar bis auf die Straßenbahnschienen in der Odermannstraße „rollte". Der „Gambrinus" war stets gut besucht. An zahlreichen Tischen wurde geskatet oder gewürfelt. Hier spielte sich so richtig das Lindenauer Leben ab.

Für den Nachhauseweg wählten wir die Odermannstraße, kamen an der Ecke zur Demmeringstraße am Fachgeschäft für Rundfunk und Fernsehen vorbei (Demmeringstr. 21) und strebten nun, leicht bergan, an der 44. Polytechnischen

In der „Grünen Eiche", Demmeringstraße 22

Oberschule vorbei, dem CENTRUM-Warenhaus entgegen. Hier verabschiedeten wir uns und jeder steuerte seiner Wohnung zu.

In den Jahren unserer Streifzüge erweiterten wir unseren Aktionsradius innerhalb Lindenaus bis hin zum angrenzenden Ortsteil Plagwitz. Wir trafen uns am CENTRUM-Warenhaus. Gegenüber dem Einkaufstempel war die Kneipe „Stadt Weimar" und an der Einmündung der Gemeindeamtsstraße befand sich der „Sternburg Ausschank". Beide waren keine empfehlenswerten Tränken. Die Merseburger Straße war einst sehr belebt. Das setzte sich auch über die Lützner Straße südwärts fort. Bis zur Endersstraße war linkerhand das Kaufhaus Hollenkamp und rechts gab es kleine Geschäfte, u.a. den Fischladen (Merseburger Str. 73).

Ein Blick von der Kreuzung Merseburger/Endersstraße nach links und es sind das ehemalige Postamt W 33 (Endersstr. 3) sowie das beliebte Café Pfützner und das Reformhaus (Endersstr. 5) zu sehen. An der rechten Kreuzungsecke befand sich ein Gemüseladen (Endersstr. 9). Rund 100 Meter weiter ist der heute noch existierende Juwelierladen Braune (Merseburger Str. 63) ansässig.

Blick von der Merseburger Straße in die Demmeringstraße, rechts HO-Warenhaus (urspr. Gebr. Held), 1961

Die Durchfahrt des Nebenhauses bis zur GutsMuthsstraße führte zum ortsbekannten Atelier Foto-Richter in einem Innenhofgebäude (Merseburger Str. 61). Jeder Einheimische hat sich wenigstens einmal beim Fotomeister ablichten lassen. Stempelaufdrucke auf der Rückseite der Aufnahmen belegen dies. Ebenso bekannt war auf der anderen Straßenseite in der Nr. 62 das Sanitätshaus Schürmaier mit orthopädischer Werkstatt.

Wir schwenken in den Durchgang zur Parallelstraße ein und erblicken auf der anderen Straßenseite rechts die GutsMuths-Sporthalle (GutsMuthsstr. 16), in der meine Mutti donnerstags ihre Gymnastikstunde hatte. Ein paar Häuser weiter warb ein Schild an der Hauseinfahrt für die Autosattlerei Stegen (GutsMuthsstr. 24). Ein Haus daneben war im Erdgeschoss eine große Konsum-Filiale. Vorbei geht es am Wannenbad, das in den 1960er Jahren von meinen Eltern und mir regelmäßig besucht wurde, und wir gelangen zur Kreuzung mit der Aurelienstraße. Meine Eltern bezogen hier in der Nr. 66 Ende der 1940er Jahre ihre erste eigene Wohnung genau gegenüber den lärmintensiven Produktionsstätten des VEB Bodenbearbeitungsgeräte Leipzig (BBG).

An der nordöstlichen Ecke der Kreuzung GutsMuths-/Aurelienstraße befand sich ein Molkereiladen und an der südöstlichen die Freibank. Ein paar Schritte sind es zurück zur Merseburger Straße. In einem der vier Eckgebäude war das Allround-Geschäft zu DDR-Zeiten von Reuschels, die auch heute noch hier ansässig sind. An der anderen Ecke war eine Kneipe, zu der ein paar Stufen hinauf ins Hochparterre führten (Aurelienstr. 33). Daran erinnert heute nichts mehr.

Im angrenzenden Gebäude befand sich die Fleischerei Walter Tempel (Merseburger Str. 46). In diesem Haus wohnten die Eltern meines Vaters bis Mitte der 1920er Jahre, bevor sie in den Lützner Plan 15 zogen. Mein Großvater, Otto Kurth, war Schneidermeister, speziell für Herrenmoden. Bis zur Karl-Heine-Straße folgte auf beiden Seiten der Merseburger Straße ein Laden nach dem anderen, z.B. das Zoologische Geschäft „Azola" (Merseburger Str. 31).

Wieder an einer Straßenkreuzung und wieder eine Gaststätte, das „Feldschlößchen". Dieses Lokal war stets recht gut frequentiert, so dass wir nicht immer ein Plätzchen fanden. So setzten wir unseren Weg fort, passierten das Geschäft von „Radio Henne" (Karl-Heine-Str. 56), in dem ich in den 1970er Jahren Kunde war, und gelangten zum Kino Lindenfels, das bei uns Jugendlichen seinerzeit groß angesagt war. Ganz genau erinnere ich mich noch an den Spitzenfilm

„Radio Henne", Karl-Heine-Straße 56, gegründet 1958, 2022

Der einstige Joseph-Konsum war ein Dreh- und Angelpunkt in der Karl-Heine-Straße, 2022

„Blutige Erdbeeren“ Anfang 1973, den ich mir zweimal angesehen habe, andere aber auch. Vorbei ging es jetzt am Joseph-Konsum, eine „Institution“, die sehr rege von der Bevölkerung und den Werktätigen der Groß- und Kleinbetriebe besucht wurde, am Knochenplatz und am Karl-Heine-Kaffee (Birkenstr. 32). Im Nachbarhaus in der Birkenstraße war ein Bäcker, dessen Spezialität die heiß begehrten Bärentatzen waren. Alle Kinder waren damals scharf darauf.

Nun sind wir an der Stadtteilgrenze zu Plagwitz angelangt mit der Gaststätte „Felsenkeller“. Dieses Lokal hat für mich auch eine gewisse Bedeutung.

Am Nachmittag des 31. Oktober 1973 gedachte ich mit meinen Kumpels Andreas Krumpaß und Henry Grünwald, der noch dazustieß, des letzten zivilen Tages, bevor die nächsten 18 Monate ein anderer Wind wehen würde. Henry führte uns noch ein Stück durch sein Plagwitzer Revier. Gemeinsam setzten wir hier an diesem Tag unsere „Kneipkur“ zu dritt fort. Zuerst waren wir kurz im vornehmen „Ratskeller“ (Weißenfelser Str. 10). Anschließend besuchten wir die ihren Namen nicht verdienende Kaschemme „Goldener Stern“ (Weißenfelser Str. 17 b) an

Zschochersche Straße mit Felsenkeller, 1992

der damaligen Philipp-Müller-Straße, zogen weiter zur Eckkneipe „Drei Rosen" (Lauchstädter Str. 17), in deren Schankraum die Nebelschwaden waberten, und landeten schließlich im „Krug zum grünen Kranze" (Merseburger Str. 32), in dem es ziemlich spartnisch aussah.

Nur gut, dass wir es bei ein paar Bieren insgesamt beließen, denn wir wussten um den nächsten Tag.

Das ehemalige „Ulrich-Eck", 2022

Mit meinem Kumpel Andreas tauchte ich in der Lehrlingszeit jedoch noch in anderen Lindenauer Ecken ab. An der Einmündung der GutsMuthsstraße in die Karl-Heine-Straße lag die Gaststätte „Ulrich-Eck" recht verkehrsgünstig zur Haltestelle der Straßenbahnlinie 2. Über den drei Eckfenstern im 1. Obergeschoss kann man den Schriftzug „Echte-Ulrich-Biere“ lesen, der glücklicherweise erhalten blieb. Auch hier kehrten wir einige Male ein.

Die nächste Zieladresse war das Lokal „Am Kanal“. Um möglichst metersparend dorthin zu gelangen, man kennt sich ja aus, liefen wir von der GutsMuthsstraße zur Aurelienstraße, weiter zur damaligen Rudkowskystraße, passierten die Philippuskirche (Aurelienstraße 52–54) und die Helmholtzschule (Rudkowskystraße 6) und erreichten die Ecke zur Endersstraße, an der das Elektrogeschäft Friedemann sein Domizil hatte (Rudkowskystraße 1, zuvor Endersstraße 52). Gegenüber war eine Reparaturwerkstatt für Fahrräder (Rudkowskystraße 4). Der kleine Bau wurde jedoch abgerissen.

Auf der Endersstraße kamen wir an einer zu DDR-Zeiten sehr bedeutsamen kleinen Firma vorbei, „Wasem Glasschleiferei Autoglaserei“ (Endersstraße 39). Zum Glück hatte ich in den 1980er Jahren, als ich stolzer Fahrzeugbesitzer war, durch einen Skatfreund, Peter Wolf, der beim Vergaserdienst (Jordanstraße 5a) arbeitete, einen direkten Draht zu diesem sehr gefragten Zeitgenossen.

Auch heute noch gut besucht: Gaststätte „Am Kanal“, 2022

Von der anderen Straßenseite her grüßte der Industriekomplex vom VEB „ELGUWA“ Leipzig (Endersstr. 32), dem einstigen Trägerbetrieb der BSG Chemie Leipzig. Im Nachbargebäude Nr. 34 wohnte meine Frau, damals Elke Herrmann, bis Mitte der 1980er Jahre. Aufgewachsen ist sie in ihrer Kinder- und Jugendzeit nur einen Steinwurf entfernt in der Endersstraße 67. Ihr Großvater hatte in diesem Haus eine Bäckerei. Kurz vor dem Ziel auf der Seite der ungeraden Hausnummern war einmal ein Konsumladen für Waren des täglichen Bedarfs (Endersstr. 49).

Im Lokal „Am Kanal“ herrschten stets Trubel, ein Stimmengewirr und ein ständiges Kommen und Gehen, denn viele Arbeiter spülten sich nach getaner, zumeist sehr staubiger und lärmintensiver Tätigkeit ihre Kehlen frei. Hier lernte man die verschiedensten Typen kennen.

Nicht allzu weit entfernt war die nächste Gaststätte. In rund fünf Minuten schaffte man das Stück von der Endersstraße die Henriettenstraße herauf bis zur Einmündung in die Lützner Straße. An der Ecke war die „Marienburg“. Im Gegensatz zur vorherigen Gaststätte war es im Gastraum recht verhalten, aber so richtig warm wurden wir beide hier nicht.

Auf unserer Erkundungstour gingen wir nun die leicht abschüssige Lützner Straße ostwärts, vorbei am Tapetenwerk, einer Bäckerei (Lützner Straße 83) und weiteren Geschäften, bis die GutsMuthsstraße erreicht war, denn es lockte die „Gaststätte Turnhalle“ direkt an der Haltestelle der Straßenbahn. Hinein ins Hochparterre ging es über einige Außenstufen. Die Inneneinrichtung war recht dunkel gehalten, aber das Bier konnte man trinken. Rappelvoll habe ich das Lokal nicht in Erinnerung im Vergleich zu anderen.

Das waren beileibe jedoch noch nicht alle Gastwirtschaften in Lindenau. An fast jeder Kreuzung oder Einmündung einer Neben- in eine Hauptstraße fand sich einer dieser Treffpunkte, als das Fernsehen noch in den Kinderschuhen steckte.

Bei unseren heimatlichen Rundgängen Anfang der 1970er Jahre zwischen der Georg-Schwarz-Straße, dem Diakonissenhaus, dem Lindenauer Friedhof und der Merseburger Straße fielen uns sehr wohl weitere Lokale auf, die uns aber nur von außen her bekannt sind. Sie waren nicht unser direktes „Jagdrevier“.

Bei den Recherchen zum Thema stieß ich auf einen bemerkenswerten Aspekt. Im Leipziger Adressbuch von 1943 ist eine Gaststätte „Goldene Krone“ mit dem Inhaber Theodor Gammel im Nachbarhaus Lützner Straße 88 an der Ecke zur Cranachstraße verzeichnet. Leider fiel das Gebäude im Zweiten Weltkrieg in Schutt und Asche. Hätte das Lokal in den 1970er Jahren noch existiert, hätte ich nur ein paar Meter benötigt, um an eine Hopfentränke zu gelangen.

IN DER KLEINGARTENANLAGE „AM HAFEN“

Die einst größte Kleingartenanlage (KGA) Lindenaus mit 16,2 ha und 487 Kleingärten bei deren Auflösung zum 31. Oktober 1975 lag zwischen der Lützner

Straße im Norden und der Alten Salzstraße im Süden, dort wo sich heute der Wohnkomplex 2 des seinerzeit zweitgrößten Neubaugebietes in der DDR erstreckt. Die Anlage des Kleingärtnervereins (KGV) „Am Hafen" e.V. galt unbestritten als eine der schönsten und gepflegtesten in der Stadt Leipzig.

Und in dieser hatten die Eltern meines Schulfreundes Andreas Krumpaß eine Parzelle gepachtet. Just zwei Jahre vor dem Ende des Bestehens des KGV „Am Hafen" e.V. feierten er, mein anderer Kumpel Henry Grünwald und ich den zeitweiligen Abschied vom zivilen Leben und auch von Leipzig.

Im Sommer 1973 schlossen wir unsere unterschiedlichen Berufsausbildungen ab. Andreas arbeitete danach als Galvaniseur im VEB Galvanotechnik Leipzig, Henry als Kraftfahrer in der Transportabteilung des VEB Bodenbearbeitungsgeräte Leipzig und ich als Baufacharbeiter im Plattenwerk Neu-Wiederitzsch des VEB Baukombinat Leipzig, dort wo heute das Areal der Neuen Leipziger Messe ist. Von Anfang Juli bis Mitte Oktober war ich im Drei-Schicht-System an der Deckenlinie eingesetzt. Auch ungarische Vertragsarbeiter zählten mit zu meinen Kollegen.

Wir hatten beschlossen, eine Woche bevor wir zum Wehrdienst eingezogen wurden eine richtige Abschiedsfete vom Zaune zu brechen, die in Erinnerung bleiben sollte. Da kam die Idee von Andreas zupass, diese in der Parzelle in der KGA „Am Hafen" zu starten, da die Saison der Kleingärtner sowieso vorbei war und man niemanden mehr stören konnte. Es sollte ein zünftiges zweitägiges Nomadendasein im Garten und in der Laube werden.

Verpflegung, Getränke etc. besorgten wir generalstabsmäßig und auch die Musikinstrumente. Andreas und Henry spielten für den Hausgebrauch Gitarre und auf dem kleinen Schlagzeug von Andreas mit einer großen und zwei kleinen Trommeln sowie zwei Becken drosch ich stümperhaft herum. Besonders geschmiert lief das Musizieren mit alten Hits von den Rolling Stones, Kinks, Troggs, Dave Dee, Dozy, Beaky, Mick & Tich etc. nach dem Genuss von etwas Flüssignahrung. Beim Gitarrespielen saß Andreas meist bequem auf einem der Obstbäume. Da oben sei die Luft besser, sein Kommentar.

An einer Ecke der Laube bauten wir windgeschützt den Grill auf und brutzelten uns Deftiges über den Tag hinweg. Dabei ließ es sich gut quatschen über Vergangenes und das unmittelbar Bevorstehende. Mit dem Wetter hatten wir einigermaßen Glück, denn beim Kampieren wurde es nachts in der Laube nicht zu frisch. Ein kleiner Schauer beehrte uns am zweiten Tag.

Noch heute erinnern wir uns gern mit Schmunzeln an diese Fete, wenn die Sprache darauf kommt. Den „Tatort“ haben wir noch bildlich vor uns, aber leider existiert der nicht mehr.

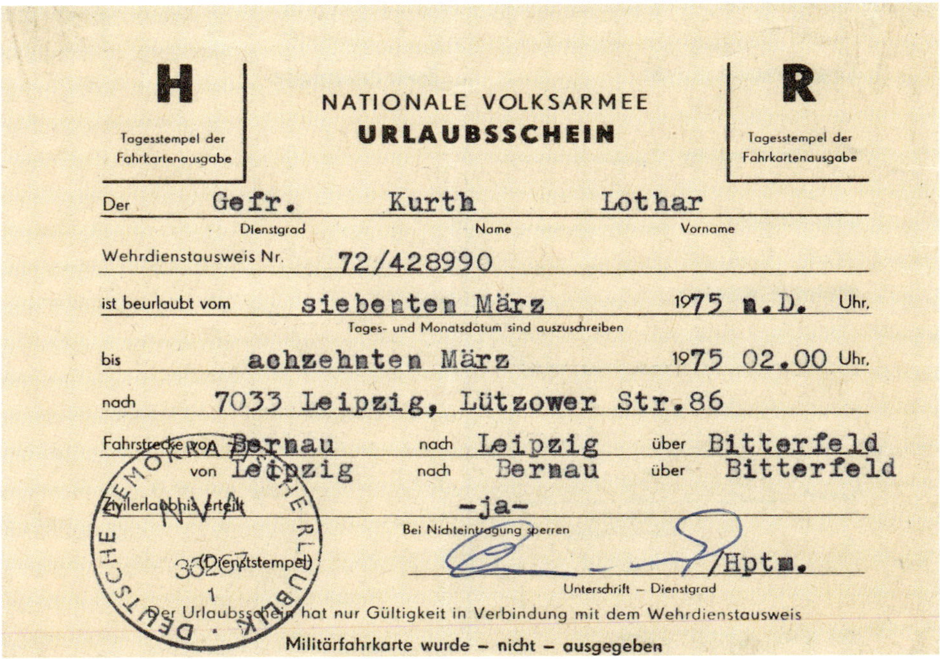

H
Tagesstempel der Fahrkartenausgabe

NATIONALE VOLKSARMEE
URLAUBSSCHEIN

R
Tagesstempel der Fahrkartenausgabe

Der Gefr. Kurth Lothar
Dienstgrad Name Vorname

Wehrdienstausweis Nr. 72/428990

ist beurlaubt vom siebenten März 1975 n.D. Uhr.
Tages- und Monatsdatum sind auszuschreiben

bis achzehnten März 1975 02.00 Uhr.

nach 7033 Leipzig, Lützower Str.86

Fahrstrecke von Bernau nach Leipzig über Bitterfeld
von Leipzig nach Bernau über Bitterfeld

Zivilerlaubnis erteilt -ja-
Bei Nichteintragung sperren

(Dienststempel) /Hptm.
Unterschrift – Dienstgrad

Der Urlaubsschein hat nur Gültigkeit in Verbindung mit dem Wehrdienstausweis

Militärfahrkarte wurde – nicht – ausgegeben

Urlaubsschein der NVA, 1975

AM HAFEN IM VEB BAUKOMBINAT LEIPZIG

Als mich das zivile Leben Ende April 1975 wiederhatte, kehrte ich in den Arbeitsprozess beim VEB Baukombinat Leipzig zurück, bis ich Anfang September mein Studium Bauingenieurwesen an der damaligen Ingenieurhochschule Cottbus aufnahm. In den vier Monaten arbeitete ich im Zwei-Schicht-System im Betriebsteil Vorfertigung und Sanitärraumzellen am Lindenauer Hafen in den Abteilungen Eisenbiegerei und Schweißerei. Mit dem Fahrrad brauchte ich von zu Hause rund 10 Minuten bis zum Einsatzort.

In den ersten zwei Monaten war ich in der Eisenbiegerei. Dort entstanden an den kleinen Biegemaschinen die Bügel für Bewehrungskörbe. An der großen Biegemaschine mussten immer zwei Beschäftigte bei der Herrichtung der langen Bewehrungsstähle nach den Vorgaben der Bewehrungspläne zusammen agieren. Hier arbeitete ich gemeinsam mit Günter Palm. Er war ein erfahrener Fuchs an dieser Höllenmaschine. Geduldig erläuterte er mir den Aufbau der Maschine mit ihren Drehtellern und der Platzierung der Eisendorne in den Aussparungen der Drehteller für die bis zu 6 Meter langen zu biegenden Stähle mit Abwinklungen und Endhaken. Bei einem Biegevorgang wurden, je nach Durchmesser, drei bis fünf Stähle „verarbeitet". Das war nur mit zwei Personen zu bewerkstelligen. Eine anspruchsvolle Arbeit. In seiner Freizeit spielte Günter Bassgitarre und hatte 1975 gerade seine Band „Break" gegründet. Mit ihm konnte ich ausschweifend über das Geschehen in der Rockmusikszene fachsimpeln. Als ich dann Anfang September 1975 mein Studium aufnahm, verloren wir uns vorerst aus den Augen.

In den Monaten Juli und August war ich als Urlaubsvertretung in der Eisenbiegerei beschäftigt. Hier hatte ich an einem Punktschweißgerät Bewehrungsmatten unterschiedlicher Größe herzustellen. Bei der Sommerhitze war das recht schweißtreibend. Am angenehmsten waren die Spätschichten. Wenn die Schweißer ihr Soll erbracht hatten, ging es an die Realisierung von Aufträgen in der „Feierabendarbeit". Es entstanden aus Profilstählen Flurgarderoben, Schirmständer und andere Kunstwerke, die natürlich auch noch schwarz zu lackieren waren. In der letzten halben Stunde der Spätschichten wurde bei den tropischen Temperaturen noch eine Abkühlung im Hafenbecken genommen.

Während meines viermonatigen Intermezzos im Betriebsteil habe ich zweimal selbst erlebt, dass aus der benachbarten „Russen-Kaserne" in Schönau Uniformierte aufkreuzten, die versuchten, Uhren und Schmuck zu verkaufen. Mit Sicherheit hatten sie auch noch brisantere Dinge im Angebot.

Erst in den 2000er Jahren begegnete ich Günter Palm zufällig und wir erkannten uns immerhin auf Anhieb gegenseitig wieder. Das war eine echte Überraschung. Er erzählte mir, dass er seine Band 1987 (!) in „Beat-Club Leipzig" umbenannt hatte. Und das eigenartigerweise ohne Veto der Herrschenden. Im Jahr 2007 feierte die Gruppe ihr 20. Bandjubiläum mit Manfred Sexauer, dem Moderator der TV-Sendung „Musikladen" (Nachfolger des „Beat-Clubs"), und den Lords. Häufig traf ich ihn seitdem mit seinen Bandkollegen bei Auftritten in der Gaststätte „Zur Ratte" in Leipzig-Hartmannsdorf bis 2019. 2022 wurde das 35. Gründungsjubiläum des „Beat-Club Leipzig" gefeiert.

SCHLÜSSELVERSENKEN IM KULKWITZER SEE

Der Sommer 1975 war ausgesprochen lang, überdurchschnittlich sonnig und die Temperaturen lagen oft jenseits der 30 °C-Marke. Das nutzten mein langjähriger Kumpel Andreas Krumpaß und ich häufig zum Baden im Elster-Saale-Kanal. Einmal, als es nicht so bullig war, entschlossen wir uns, mit dem Wassertreter auf dem Kulkwitzer See ein paar Runden zu drehen.

Am Busbahnhof Lindenau stiegen wir in den O-Bus der Linie B nach Markranstädt ein. Damals endete an der Plautstraße mit der letzten Tankstelle an der Ecke zur Lützner Straße quasi das westliche Leipzig. Dort, wo sich heute Grünau erstreckt, waren seinerzeit nur Felder, Wiesen, der Schönauer Park und die Kaserne der sowjetischen Freunde. Ihr gegenüber befand sich das Areal für die militärische Körperertüchtigung. Vom O-Bus aus sah man oft, wie sich die Soldaten über die Eskaladierwände quälten. Innerlich mussten wir grinsen, das kam uns bekannt vor, denn 1½ Jahre zuvor vollführten wir die gleichen Übungen.

Am See angekommen, liefen wir zum Anlegesteg für Ruderboote und Wassertreter. Eines liehen wir uns aus. Ich hatte einen Dederonbeutel mit, in dem

Am Kulkwitzer See, um 1975

sich mein Portemonnaie, die Schlüssel, ein Stadtplan und etwas Verpflegung befanden. Die beiden Henkel knotete ich vor dem Start an einer Strebe des Wassertreters an und los ging es. Eine Stunde traten wir uns über den See, dessen Uferbereiche noch recht kahl aussahen.

Das böse Erwachen stellte sich ein, als wir wieder anlandeten. Mein Griff zur Strebe ging ins Leere, mir fiel die Farbe aus dem Gesicht und ich fühlte mich, als ob Blitz und Donner zur gleichen Zeit einschlugen. Was nun? Nachdem ich wieder klarer denken konnte, folgte erst einmal eine Bestandsaufnahme. Das Idiotische an der ganzen Situation war, dass meine Eltern zu dieser Zeit gerade in Urlaub waren. Ich wusste, dass sie nur einen Schlüsselbund mitgenommen hatten und der andere in der verschlossenen Wohnung im Korridor hing. Ich erinnere mich noch daran, dass das Oberlichtfenster der Küchentür zum Balkon angeklappt war.

Bei Andreas suchten wir im Keller in der Werkzeugkiste mehrere Dittriche heraus und zogen nun zur verschlossenen Wohnung. Wir versuchten mehrmals, mit den unterschiedlichen Werkzeugen das Buntbartschloss zu öffnen. Einige Male dachten wir, es klappt, aber der Dittrich rutschte immer wieder über den Widerstandspunkt hinweg. Es war zum Haareraufen. Woher so schnell einen Schlosser bekommen, denn es war schon Nachmittag? Andreas überlegte, ging das eine Stockwerk im Treppenhaus hinunter, auf den Hof und besah sich die Situation mit dem geöffneten Oberlichtfenster eingehend. Er kam zurück und sagte, ich werde es probieren. Was er damit meinte?

Schon in der Parzelle seiner Mutter in der Kleingartenanlage „Am Hafen“ ist er in atemberaubendem Tempo die Obstbäume sicher hinaufgeklettert und wieder herunter, so dass man nur staunen konnte. Jetzt wollte er Ähnliches versuchen, um das mir entstandene Problem zu lösen. Sein Plan war, sich an der Fallrohrleitung für das Regenwasser hochzuarbeiten, sich über die Balkonbrüstung zu schwingen, das Oberlicht voll aufzuklappen, sich durch die Öffnung hindurchzuzwängen und schließlich von innen her die Wohnungstür aufschließen. Eine waghalsige Aktion!

Der schwierigste Teil des Rettungseinsatzes stand gleich zu Beginn an. Deshalb hatte sich Andreas die Gegebenheiten auch exakt angeschaut. Das Standrohr war am unteren sichtbaren Ende im Boden fest verankert. Die entgegen der Fließrichtung des Regenwassers eingebauten Metall-Fallrohrteile waren 1975 baulich noch in Ordnung und ohne Lochfraß. Auch die Verbindungen zwischen den Einzelteilen waren intakt. Mutig ging Andreas die Erklimmung des 1. Obergeschosses am Fallrohr an. Behände, wie eine Katze, schob er sich Dezimeter für Dezimeter nach oben. Als er die Metallbrüstung des Balkons erreicht hatte, konnte er sich dort festhalten und hochziehen. Wie ein Artist überwand er die Brüstung des Balkons. Die erste Aufgabe war gelöst.

Während dies recht flüssig ablief, war das vollständige Öffnen des Oberlichtes komplizierter. An der Küche war eine kleine Abstellkammer mit einem schmalen Fenster, das zum Balkon hin mit einer Fensterbank angeordnet war. Auf diese stieg Andreas und versuchte, die Verriegelung des Oberlichtes zu lösen. Dazu brauchte man Arme und Hände wie ein Aal sowie Geduld. Endlich hatte er es gepackt und flink schlüpfte er durch die Öffnung und landete in der Küche. Schnell hatte er den Schlüsselbund im Korridor entdeckt und die Wohnung war geöffnet, ohne dass Andreas Schaden genommen hatte. Beide waren wir überglücklich und er drückte mir die Schlüssel in die Hand. Diesen außergewöhnlichen Einsatz werteten wir abends dann noch in der „Taschentuchdiele“ (offiziell „Zur guten Quelle“) aus. Ich war ihm zu tausend Dank verpflichtet.

Tags darauf besorgte ich mir bei „Eisen-Gross“ in der Josephstraße 47 gegenüber dem Joseph-Konsum einen Schlüsselrohling. Mit diesem tummelte ich mich

Traditionsgeschäft für Hobbybastler: „Eisen-Gross“, 2022

in den folgenden Tagen in unserem Keller am Schraubstock. Wieder hatte ich verschiedene Feilen in der Hand, wie ein paar Jahre zuvor im UTP-Unterricht (Unterrichtstag in der Produktion). Irgendwann vollendete ich mein Werk und das Double sah wie das Original aus. Funktionieren musste der Schlüssel nur. Der erste Versuch schlug fehl. Einige Feilenstriche waren noch notwendig und tatsächlich erfüllte der neue Schlüssel nun seine Aufgabe.

Als meine Eltern aus dem Urlaub zurückkehrten, beichtete ich ihnen mein kurioses Missgeschick und die halsbrecherische Tat von Andreas. Auch sie bedankten sich bei meinem Retter in der Not. Der Dederonbeutel mit seinem Inhalt wird nach fast fünf Jahrzehnten sicherlich durch eine Schlammschicht auf dem Grund des Kulkwitzer Sees konserviert sein. Die Schlüssel und das Hartgeld werden wohl noch existieren. Der Personalausweis dürfte sich aufgelöst haben. Gut so, sonst würden unsere Nachfahren mitbekommen, welcher Depp da sein Dokument im See versenkt hat.

DEUTSCHES REISEBÜRO, ZAHNARZT, GEMÜSESTAND, POSTZEITUNGSVERTRIEB (PZV)

Es war schon recht angenehm, wenn ich zur Fahrt mit der Deutschen Reichsbahn zu meinem Studienort Cottbus zwischen 1975 und 1978 die Fahrkarte nicht erst auf dem Hauptbahnhof kaufen musste. In Lindenau, in der Merseburger Straße 88, gab es eine Filiale des Deutschen Reisebüros. Ich versuchte, möglichst jedes Wochenende nach Leipzig zu kommen, und da bot sich eine Monatskarte der Bahn an, die recht erschwinglich für einen armen Studenten war. Am letzten Freitag des Monats kreuzte ich dort auf und kaufte mir mein Ticket für den Folgemonat. Das klappte reibungslos und ich war inzwischen dort bekannt. Trat ich wieder auf den Fußweg, fiel mein Blick nach gegenüber. Ich dachte so bei mir: „Mensch, hier bist du nun vor zehn Jahren als kleiner Junge mit dem Schulranzen auf dem Rücken entlangmarschiert."

Vis-à-vis im 1. Obergeschoss der Merseburger Straße 95 befand sich einst ein Zahnarzt. Dort musste ich regelmäßig hin. Allgegenwärtig ist mir der Zahnarztbohrer. Diese Apparatur stand neben dem Martersessel, in dem ich mit verkrampften Händen saß und mit angstvollem Blick auf das Gerät starrte, wenn der Zahnarzt es mit surrendem Geräusch in Betrieb nahm. Diese technische

Errungenschaft mit sogenanntem Doriotgestänge lief seinerzeit mittels Seilzug. Ich konzentrierte mich immer darauf, ob ich eine markante Stelle am Seil sah und wann diese wiederkehrte. So konnte ich mich etwas vom Bohren am Gebiss ablenken, denn damals gab es noch keine Wasserkühlung bei der Attacke.

Im gleichen Haus ist linksseitig eine Durchfahrt in den Innenhof. Ging ich früh zur Schule in der Uhlandstraße, hatte die ältere Frau schon ihren Gemüsestand aufgebaut. Da die Torflügel an der Hofseite geschlossen waren, sah es bei ihr immer recht düster aus. Das allseits bekannte Angebot an Obst und Gemüse war nicht mit dem von heute zu vergleichen. Zumindest sah es bunt aus: Grünkohl, Weißkohl, Rotkohl, Blumenkohl, Äpfel in verschiedenen Farben und Birnen. Waren sie reif, lagen in den Auslagen auch mal Kirschen und Erdbeeren.

Keine zehn Schritte nach links und ich kam am Zeitungskiosk des Postzeitungsvertriebs der DDR vorbei. Dieser quadratische Typenbau war in jeder Ecke der Republik zu finden. Als der fahrbare Zeitungsladen auf der Merseburger Straße zwischen Lützner und Demmeringstraße nicht mehr existierte, kaufte ich hier als Schuljunge die „Atze“ oder die „Frösi“. Jahre später interessierten mich natürlich der „technikus“, die „Urania“ und astronomische Publikationen wesentlich mehr. 1977 begegnete mir solch ein Zeitungskiosk auch in Bulgarien mit der sinnigen Werbung in deutsch: „ND, die Zeitung von Format“.

TURF IN LINDENAU THEORETISCH UND IM SCHEIBENHOLZ PRAKTISCH

Während der letzten Monate meiner 1½-jährigen Auszeit vom zivilen Leben im Frühjahr 1975 in Bernau kam ich durch „Leidensgefährten“ mit dem Pferderennsport in Kontakt, denn Berlin war nicht weit entfernt mit der Trabrennbahn in Karlshorst und der Galopprennbahn in Hoppegarten. Auch mein Schulkumpel Andreas Krumpaß kehrte in die Normalität zurück und bis Ende der 1970er Jahre, auch während unseres Studiums, waren wir regelmäßig, auf Studentenausweis, auf der Leipziger Galopprennbahn im Scheibenholz, bis es ihn endgültig nach Suhl verschlug.

In Lindenau hatten wir das von außen her recht unscheinbar wirkende Wettbüro in der Demmeringstraße 30 entdeckt und an einem Sonntag gingen wir hinein.

Nach der Eingangstür befand man sich in einem Windfang und hinter diesem gelangte man in einen großen Raum. Uns empfingen Nebelschwaden vom Dunst der Zigarren der „alten Papas". Passend dazu war das Innendekor. Rechts ein brauner Bretterverschlag, das war der Wettschalter mit einem kleinen Fenster in Kopfgröße, durch das man dem Schalterbediensteten seine Tipps verriet, der dann die Tippscheine durch die Öffnung herausreichte. Der Mindesteinsatz für eine Wette betrug eine Mark. Im linken Bereich des Raumes standen mehrere Tische, an denen die Wettexperten saßen, ihre „Rennkuriere" (die Fachzeitung für Pferdezucht und Leistungsprüfungen in der DDR) ausgebreitet hatten und über die nächsten Rennen fachsimpelten.

In der DDR gab es sechs Galopprennbahnen: in Berlin-Hoppegarten, Dresden, Leipzig, Halle, Magdeburg sowie Gotha. Und an jedem Wochenende öffnete mindestens eine Rennbahn ihre Pforten. Leipzig brachte es im Kalenderjahr auf bis zu 30 Renntage.

An den zum Teil holzgetäfelten Wänden waren die Listen ausgehangen, auf denen man alle Rennen des Wochenendes auf den Rennbahnen komplett mit den Namen der Pferde und Jockeys, den Distanzen, dem vom Pferd zu tragenden Gewicht etc. sowie den Vorwetten nachlesen konnte. Für uns waren das anfangs alles böhmische Dörfer, angefangen bei den Namen der Pferde und Reiter. Jedoch Übung macht den Meister.

Der Schalterbedienstete rief ab ca. zehn Minuten vor Rennbeginn in den Raum, man möge langsam seine Tipps abgeben. So nach und nach schlurften die „alten Papas", einer nach dem anderen, zum Wettschalter. Der Diensthabende stand ständig in fernmündlicher Verbindung mit den Telefonstellen auf den Rennbahnen und wenn ein Rennen gelaufen war, verkündete er lauthals in den Raum hinein den Einlauf und notierte diesen auf den ausgehangenen Listen. Da wurden die alten Herren putzmunter. Der eine ließ eine Freudensbekundung heraus und andere schüttelten den Kopf. Nach ca. einer halben Stunde teilte der Diensthabende die Quoten zu dem gelaufenen Rennen mit.

Ein Renntag begann in der Regel um 14 Uhr und je nach Anzahl der aller 30 Minuten gestarteten Rennen endete er um 17 oder 17.30 Uhr. Da brauchten die betagten Zocker schon eine ordentliche Portion Sitzfleisch und ausreichend viele Zigarren. Von den Insidern hatten wir doch ganz ordentlich profitiert in der Theorie. Aber Renntag für Renntag im verräucherten Wettbüro hocken, das wollten wir nicht. Außerdem waren wir noch gut zu Fuß.

Der Vater meines Freundes Andreas ging schon seit Jahrzehnten zum Turf, wie die Pferderennbahn landläufig genannt wurde, gemeinsam mit einigen Älteren, darunter war der Postmeister. Der ist mir noch in Erinnerung geblieben. Als Neuling beim Wetten muss man wissen, dass es Sieg- und Platzwetten sowie die kleine und die große Einlaufwette gibt.

Für Unerfahrene ist anfangs die Platzwette angeraten, d.h. das ausgewählte Pferd muss 1., 2. oder 3. im Rennen werden. Die Quoten sind überschaubar, es sei denn, dass ein Außenseiter mal ´nen guten Tag erwischt. Den großen Einlauf zu treffen ist am schwersten und bedeutet, dass der 1., 2. und 3. in der richtigen Reihenfolge vorhergesagt bzw. getippt werden muss. Jedes Pferd hat eine Startnummer. Das Pferd Nr. 1 trägt das meiste Gewicht. Ich weiß noch, dass der Postmeister gern den kleinen Einlauf mit den Startnummern 5 und 6 und zurück spielte. Nicht ohne Erfolg. Die Chancen der Rennpferde zu taxieren, war schon wie eine Wissenschaft und trug z.T. skurrile Züge. Blinzelte einem ein Pferd im Führring zu, so wertete mancher das als Ansage für den Sieg.

Auf dem Rennplatz waren an Schautafeln die Vorwetten angeschlagen, an denen man sich orientieren konnte. Oftmals war man damit gut beraten, aber manchmal auch nicht. Ein Beispiel werde ich wohl mein Leben lang behalten.

Ende der 1970er Jahre gehörte der Hengst Odin mit zur Elite der DDR-Rennpferde. Zweimal siegte er im Preis des Messeamtes. Beim dritten Mal jedoch zeigten die Vorwetten ihn als Außenseiter. Odin war ein Spezialist für besonders schweren Boden, d.h. „es musste richtig spritzen“. Die Woche vor dem Rennen war aber kein Tropfen vom Himmel gefallen und der Boden war hart. Das Rennen vor dem Hauptereignis des Tages war gerade vorüber, als ein mächtiger Wolkenbruch über dem Scheibenholz niederging und kurz vor dem Preis des Messeamtes aufhörte. Das war die Stunde von Odin und er holte sich zum dritten Mal in Folge die Siegerschleife. Aber auch die Turffreunde hatten aufgepasst, so dass Odins Siegquote natürlich, entgegen der Vorwette, gering ausfiel.

In der ersten Hälfte der 1980er Jahre war ich noch Stammgast bei den Rennen mit dem einen oder anderen Skatfreund, bis sich nach einem halben Jahrzehnt andere Prämissen in den Vordergrund schoben. Noch sporadisch ging es mit dem Nachwuchs bei schönem Wetter „Pferde gucken“ und nach den politischen Veränderungen wandelte sich auch das gesamte Geschehen auf den ostdeutschen Galopprennbahnen. Die Atmosphäre von einst ist längst verflogen und besonders am Traditionsrenntag 1. Mai fühlt man sich leider dort fehl am Platze und eher wie auf einer dekadenten Modenschau.

MALERN MIT SIGMUND JÄHN

Das Direktstudium in Cottbus war Ende Juni 1978 mit den letzten Prüfungen abgeschlossen. Mit den Eltern zusammen fuhr ich noch einmal zwei Wochen in den Urlaub, um mit meiner Schmalfilmkamera einen extensiven Film mit rund 30 Minuten Spieldauer zu drehen. Wir waren in einer Privatunterkunft in Schlottwitz (Osterzgebirge) untergebracht, das später vom verheerenden Hochwasser der Müglitz 2002 schwere Verwüstungen davontrug.

Bis zum Beginn meines Praktikums im Institut für Ingenieur- und Tiefbau Leipzig der Bauakademie der DDR ab September, als zweiter Teil des Studiums, nutzte ich die zwei Sommermonate, um u. a. mein Kinderzimmer, das ich ab jetzt wieder durchgehend bezog, komplett zu renovieren. Der alte Fußbodenbelag flog raus, die Tapete kratzte ich mühsam von den Wänden und die alte Farbe von der Decke wusch ich ab. Dann ging es an den „Wiederaufbau".

Es war Samstag, der 26. August 1978, als ich morgens begann, die Decke mit neuer Farbe einzustreichen. Während ich auf der Leiter herumturnte und bemüht war, mit der Quaste möglichst wenig Farbe zu verkleckern, und ich mein Werk schon fast vollendet hatte, teilte der DDR-Rundfunk in seinen Nachrichten mit, dass ein DDR-Bürger als erster Deutscher im Weltall unterwegs ist. Ich dachte, ich habe mich verhört und blieb mit der Quaste beinahe an der Decke kleben. Mit solch einer Meldung hätte man nicht einmal im Traum gerechnet. Ein bisschen Stolz schwang da schon mit und die restlichen Malerarbeiten im Kinderzimmer gingen an diesem Tag wie von selbst von der Hand.

VEB GEBÄUDEWIRTSCHAFT LEIPZIG (GWL)

Dieser sozialistische Betrieb verwaltete einen großen Teil der Wohnungen in der Messestadt, neben den Genossenschaften, und hatte die Hoheit über die Mietverträge. Auch meine Eltern und meine Großmutter in Leutzsch besaßen einen von der GWL. Als junger Mensch zu einem Wohnraum zu gelangen, war wie sechs Richtige im Lotto. Deshalb heirateten viele beizeiten, denn dann wurde man bevorzugt bedient, besonders, wenn ein Kind unterwegs war. Obwohl viele Wohnungen leer standen, war die Schar der Suchenden riesengroß. Zahlreiche von ihnen gingen in ihrem jeweiligen Kiez in Leipzig auf die Pirsch und notierten Mietbereiche, die offensichtlich ungenutzt waren. Mit dieser Liste kreuzten sie in ihrer Stadtbezirksfiliale der GWL in der Hoffnung auf, mit einer Wohnung davon bedacht zu werden. Oft ein Irrtum. Zunehmend mehr gefrustet von der Wirklichkeit, wurden sie selbst aktiv und okkupierten einen Leerstand nach dem Motto „Tatsachen schaffen".

Ähnlich agierte ich. Mitte 1979 verstarb meine Großmutter. Sie hatte 14 Jahre in einer 1½-Raum-Wohnung mit 30 m² Grundfläche gelebt. Toilette natürlich auf der halben Treppe. Anfang September machte auch ich Nägel mit Köpfen und zog von Lindenau nach Leutzsch. Der Vorteil gegenüber den anderen Wohnungssuchenden war, dass ich relativ wenig renovieren musste, um gleich einziehen zu können.

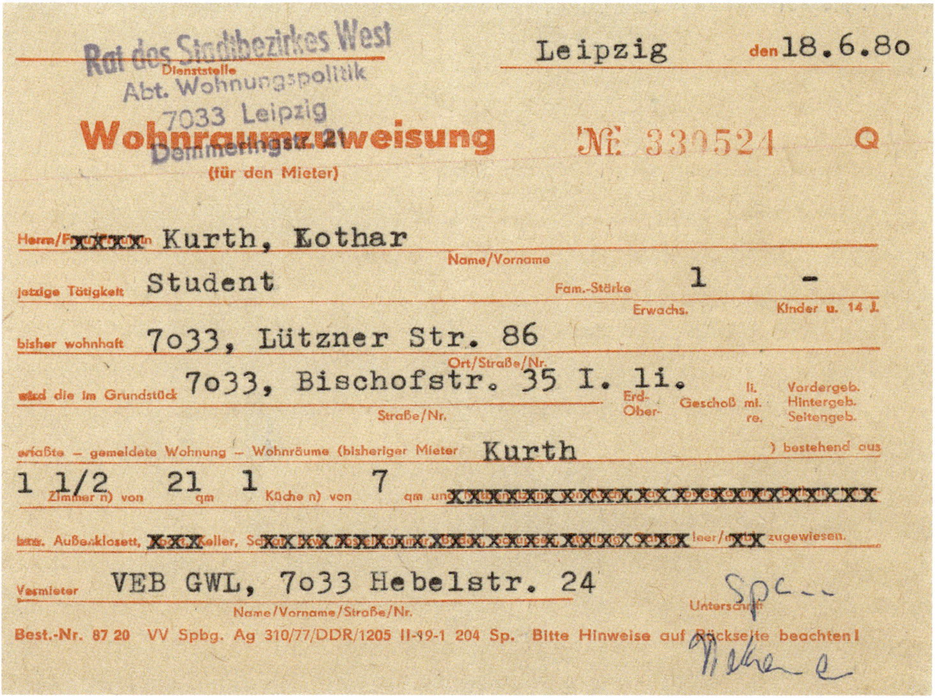
Rat des Stadtbezirkes West
Dienststelle
Abt. Wohnungspolitik
7033 Leipzig
Leipzig den 18.6.80
Wohnraumzuweisung
(für den Mieter)
Nr. 330524 Q
Herrn/Frau/Fräulein Kurth, Lothar
Name/Vorname
jetzige Tätigkeit Student Fam.-Stärke 1 -
Erwachs. Kinder u. 14 J.
bisher wohnhaft 7033, Lützner Str. 86
Ort/Straße/Nr.
wird die im Grundstück 7033, Bischofstr. 35 I. li.
Straße/Nr. Erd- Ober- Geschoß li. mi. re. Vordergeb. Hintergeb. Seitengeb.
erfaßte – gemeldete Wohnung – Wohnräume (bisheriger Mieter Kurth) bestehend aus
1 1/2 Zimmer n) von 21 qm 1 Küche n) von 7 qm
Außenklosett, ... leer/... zugewiesen.
Vermieter VEB GWL, 7033 Hebelstr. 24
Name/Vorname/Straße/Nr. Unterschrift
Best.-Nr. 87 20 VV Spbg. Ag 310/77/DDR/1205 II-99-1 204 Sp. Bitte Hinweise auf Rückseite beachten!

Wohnraumzuweisung des Rates des Stadtbezirkes West, 1980

Der Mietvertrag lief jedoch noch unter dem Namen meiner Großmutter. Also bemühte ich mich eines Tages zum Stadtbezirk in der Demmeringstraße, Ecke Odermannstraße. Einige Zeit musste ich warten und dann ward ich gebeten, in die heiligen Räume der Gebäudewirtschaft einzutreten. Die korpulente Dame hinter dem Schreibtisch schaute mich beim Vortragen meines Begehrens kritisch an. Als ich geendet hatte, zog sie die Augenbrauen hoch und setzte an. Eigentlich müsste sie mich zu einer Strafzahlung verdonnern, weil ich eigenmächtig Wohnraum in Beschlag genommen hatte, aber dieser Fall stelle sich ihr doch etwas anders dar als die sonst üblichen.

Weil der Wohnraum meiner Großmutter mit seiner Größe überschaubar war und wohl ein Nachmieter schwer zu finden wäre, nahm sie einen Vordruck aus der Schublade, füllte ihn mit meinen persönlichen Daten unter Vorlage des Personalausweises aus, knallte einen Stempel drunter, segnete das Ganze mit ihrer Unterschrift ab und reichte mir das Dokument zum Gegenzeichnen über den Schreibtisch. Somit hatte ich jetzt offiziell eine eigene Wohnung und die gute Dame konnte sich wieder einen Pluspunkt bei der GWL gutschreiben.

ZÜNFTIGER SKAT-CLUB

In der 9. Klasse bekam ich eher zufällig ein Buch in die Hand, in dem das Skatspiel anhand zahlreicher Beispiele und ausführlicher Erläuterungen leicht verständlich erklärt wurde. Als Zugabe waren Bögen beigefügt, aus denen man ein Skatspiel mit seinen 32 Karten ausschneiden konnte. So begann der Einstieg in dieses weitverbreitete Kartenspiel, das auch einige meiner Schulkameraden entdeckten und dem wir in der 10. Klasse der 45. POS (1969/70) gelegentlich in den Pausen frönten oder in den Ferien beim Baden am Elster-Saale-Kanal in Burghausen an der „Ochsenbrücke“ ausgiebiger. In den Lehrjahren wurden ab und an in den Mittagspausen während der produktiven Woche auf der Lehrlingsbaustelle die Karten gedroschen. Kontinuierlicher ging es in den 18 Monaten zu, die ich in verschiedenen Kasernen der Republik zuzubringen hatte und später während des Studiums im sehenswerten Cottbus. Inzwischen war ich über die Jahre schon spielsicherer, so dass ich nach dem Studium dem Angebot zusagte, im Skat-Club mitzuspielen, in dem auch mein Kumpel Henry Grünwald mitmischte.

Als ich 1979 einstieg, war donnerstags ab 18 Uhr Spieltag und Spielort war die Gartenkantine in der Kleingartenanlage „Neu-Lindenau". Die Mitglieder des Skat-Clubs hatten festgelegt, dass in die Kasse gespielt wird und kurz vor dem Jahresende die Auszahlung erfolgt, abgestuft nach der Platzierung der einzelnen Skater, d.h. möglichst gut spielen und weniger einzahlen als die anderen, um am Schluss möglichst viel „abzuschöpfen".

Die Abrechnung erfolgte nach dem sogenannten „Bierlachs"-Verfahren. Die Regel war eine Viererrunde mit Kartengeber und drei Spielern. Gewann der Alleinspieler, bekamen die beiden Gegenspieler und der Geber, z.B. bei einem einfachen Schellen-Spiel, jeweils 18 Minuspunkte angeschrieben. Verlor der Alleinspieler dieses Blatt, wurde ihm der doppelte Wert in Minuspunkten, also 36, in die Liste eingetragen und die drei anderen verblieben bei je 0 Punkten. Und so ging es reihum weiter, bis die 60 Spiele am Abend durchgezogen waren. Dieses Abrechnungsverfahren ist leichter zu handhaben im Vergleich zur klassischen Skatabrechnung. Der Unterschied besteht darin, dass man beim „Bierlachs" möglichst nicht verlieren sollte und defensiver spielt als bei der klassischen Variante, wo das Siegspiel durch zusätzliche Punkte honoriert wird.

Wir spielten beim „Bierlachs" um den halben Pfennig. Das bedeutet: Stehen z.B. nach 60 Spielen 1800 Minuspunkte zu Buche, sind 900 Pfennige bzw. 9 Mark/DM fällig plus 5 M/DM als „Spareinlage", zusammen 14 M/DM. Hochgerechnet auf 45 Spieltage ergibt dies eine Summe von 630 M/DM, die am Jahresende zur Auszahlung kommt. Je nach der eigenen Platzierung nach dem letzten Spieltag zum Jahresschluss erhält man mehr oder weniger, da die ersten drei jeweils Siegprämien abfassen.

Nur noch so viel zur Skattheorie. Das Reizen der Karten ist schon eine „hochwissenschaftliche" Angelegenheit und basiert auf den Grundwerten der Farben (Schellen 9, Rot 10, Grün 11 und Eichel 12). Wer das höchste Gebot abgibt, darf zu seinen zehn Karten die beiden im Skat liegenden aufnehmen, zwei unbequeme Karten in den Skat zurücklegen, ein Spiel ansagen und ist nun Alleinspieler. Wichtig für die Wahl des Spieles ist ebenso, wer die erste Karte ausspielt. Übrigens, Skat spielt man nur mit einem deutschen Blatt und nicht mit einem französischen, mit dem spielt man Rommee.

Von 1973 bis 1994 war Ingeburg Arnold die Chefin der von vielen Kleingärtnern und besonders von den Bewohnern des „Duncker-Viertels" sehr gut besuchten Gaststätte „Neu-Lindenau", deren Ehemann Heinz leider 1980 viel zu früh verstarb. Trotz dieses harten Schicksalsschlages führte sie das Kleinod mit ihrem Sohn Joachim weiter, der 1994 in ihre Fußstapfen trat.

Einige der Skat-Club-Mitglieder äußerten den Wunsch, sich freitags zum Skaten zu treffen, da zu dem Zeitpunkt die Arbeitswoche geschafft wäre und es in der Woche zu stressig würde, weil einige einen längeren Nachhauseweg hätten. In der Gastwirtschaft „Neu-Lindenau" war es aber freitags unmöglich, zwei Tische ab 18 Uhr reservieren zu lassen. So mussten wir Ausschau halten nach einem anderen Domizil und spielten dann 1981 in der Schänke der Kleingartenanlage „Westendgärten" gleich am S-Bahn-Haltepunkt Lindenau. Im Verlauf des Jahres zeigte sich aber, dass es in der Gartenkantine nicht so reibungslos ablief wie zuvor. Mal klappte es nicht mit zwei Tischen oder Zeitgenossen missfiel unsere Anwesenheit. So blieb uns nichts anderes übrig, als wieder auf Suche zu gehen.

Die Kleingartenanlagen „Schwylst" und „Nach Feierabend", die seinerzeit in der Nähe meiner Leutzscher Wohnung lagen und Bewirtschaftung hatten, konnten mir bei meiner Anfrage nicht helfen, denn auch bei ihnen herrschte freitags Hochbetrieb.

Vereinshaus des Kleingärtnervereins „Westendgärten" e.V. mit Bewirtschaftung, 2022

Eine Vorsprache beim Gastwirtsehepaar Monika und Peter Schindler in der Anlage des Schrebervereins Fortschritt e.V. brachte dann den Erfolg und so schlugen wir ab 1982 unsere Zelte im dortigen Vereinshaus auf. Am Freitagabend skateten an weiteren Tischen hauptsächlich Kleingärtner aus dem „Fortschritt". In den nun folgenden zehn Jahren fand sich wieder ein Stamm zusammen, so dass an zwei Tischen gespielt werden konnte. Fast alle waren wir so um die 30 Jahre alt und auch einen Rentner hatten wir dabei, Kurt Weber, der sich nicht hinter uns Jünglingen verstecken musste.

Skater im Vereinshaus des Schrebervereins „Fortschritt", 1985

Es war jedes Mal spannend, wenn die Sitzverteilung an den Tischen mittels Ziehen einer Skatkarte ausgelost wurde. Wer spielt mit wem zusammen? Bei der „richtigen Zuordnung" ging es oft hoch her. Da wurde schon mal bis 48 (Grand-Spiel) gereizt. Da wollte keiner dem anderen den Skat gönnen. Bei den eher defensiv eingestellten Skatern kam das Reizen kaum über das Mindestgebot von 18 hinaus.

Häufig waren die Spielverläufe höchst interessant und endeten äußerst knapp, z.B. wenn der Alleinspieler so gerade über die 60-Punkt-Grenze kam. Die Gegenspieler johlten, wenn sie 60 Punkte zählten, einen sogenannten „gespaltenen Arsch". Da musste sich ein Neuling schon daran gewöhnen, dass manche Skatausdrücke recht robust daherkommen. Recht oft wurden an einem 60-Spiele-Abend Grands (Groß-Spiele) versucht, bei denen nur die vier Unter Trumpf sind. Spannend waren ebenso die Gegenstücke, die Nullspiele, d.h. der Alleinspieler darf keinen Stich erhalten, sonst hat er verloren.

Die Krone aller Spielvarianten und sehr selten ist der „Grand-Ouvert". In diesem Fall hat der Alleinspieler zehn Karten sofort auf der Hand und die beiden Gegenspieler bekommen keinen Stich, egal welche zwei Karten im Skat liegen und wer zuerst ausspielt. Solche Raritäten werden in der Regel unter Glas in einem Bilderrahmen verewigt und in einer Bilder-Galerie an den Wänden der Gaststätten präsentiert. Das war ebenso im „Fortschritt" zu bestaunen. Auch in unserem Skat-Club gab es mehrere „Grand-Ouverts". Mir ist es bisher einmal gelungen und das war 1981.

Ab 1982 übernahm ich die Buchführung. Das war innerhalb einer Woche wie ein kleiner Nebenjob. Aber ich machte es gern für alle. Ich wertete die Spieltage mit einer umfangreichen Statistik in sechs Kategorien aus und verfasste die Spielberichte, die beim nachfolgenden Treff von allen „aufgesogen" und entweder mit Wohlwollen oder mit einem stirnrunzelnden Blick und mürrischer Anmerkung quittiert wurden. Die Auszahlung des „Weihnachtsgeldes" an alle, wie ein 13. Monatsgehalt, erfolgte in würdigem Rahmen am letzten Spieltag.

Bei Schindlers gab es vorzügliche Hausmannskost. Während Moni an den Zapfhähnen stand, wirbelte Peter in der Küche an den Kochtöpfen und Bratpfannen. Es war in der Runde Standard, dass an beiden Tischen zur Halbzeit der Spiele eine größere Essenspause mit einem intensiveren Plausch eingelegt wurde, ehe die Karten neu gemischt wurden.

Die Kehlen blieben natürlich nicht trocken und bei Geburtstagen ging es schon mal recht hoch her. Da konnte die Uhr durchaus nach 23 Uhr anzeigen. Wie jedoch nach Hause kommen, denn die öffentlichen Nahverkehrsmittel fuhren in immer größeren Zeitintervallen. Entweder telefonierte der Wirt und bestellte ein Taxi, wenn er Glück hatte, oder die Truppe brach auf, lief zum Eingang an der Bahntrasse, dann in aufrechtem Gang, nicht stolpernd, die zweimal 19 Stufen zur Brücke über die Merseburger Straße hinauf und hoffte auf ein sogenanntes „Schwarz-Taxi", wie es damals so üblich war. An der Fernverkehrsstraße 181 hatte man da gute Chancen. Und tatsächlich, meist nach fünf Minuten hielt ein freundlicher Autofahrer an. Die Krönung war einmal gewesen, als einer der Skater den Arm mehr aus Jux nur ausfuhr, als ein Krankenwagen nahte. Dieser schien eine Leerfahrt zu haben und er hielt tatsächlich am Fahrbahnrand an. Heute undenkbar.

Ich hatte den Vorteil, dass ich mit ca. 15 Minuten Fußweg die kürzeste „Heimreise" aller hatte. Ich nutzte den anderen Eingang in die Kleingartenanlage an der Saalfelder Straße, ging am Sportplatz von Stahl Nordwest und Stahl Megu vorbei, querte die Merseburger Straße an der seinerzeitigen Sackgasse Rückmarsdorfer Straße. Flankiert vom VEB Aktuell Kleinlederwaren Leipzig links und dem VEB Sekundärrohstofferfassung Leipzig (SE-RO) rechts erreichte ich den S-Bahn-

Haltepunkt Industriegelände West. Ich nahm die Fußgänger-Unterführung der Gleise und gelangte ein kurzes Stück weiter auf die Franz-Flemming-Straße, vorbei an den Piano-Werkstätten und schon war ich zu Hause angelangt.

Als das Jahr 1989 ins letzte Quartal rückte, begann die über Jahre recht gut zusammengewachsene Truppe, deren Mitglieder sich auch außerhalb der Skatrunde trafen, zu bröckeln. Henry Grünwald, dessen erste eigene Wohnung ich im denkwürdigen Winter 1978/79 in der Weißenfelser Straße 31 mit ausgebaut hatte, verabschiedete sich gen Duisburg. Verwandte hatten ihm den Weg dorthin im Vorfeld schon geebnet, so dass er mit seiner Frau Heidi im Westen einen reibungslosen Einstieg vorfand. Auch unser Rentner, der so lange treu zur Stange gehalten hatte, stellte aufgrund zunehmender Unsicherheiten beim Nachhausegang seinen Stuhl am Skattisch zur Verfügung. Für das Gastwirtsehepaar begannen ebenfalls schwierige Zeiten, so dass unsere Runde wieder auf Suche nach einer neuen Bleibe gehen musste.

So wechselten wir ab 1992 in die benachbarte Kleingartenanlage des Kleingärtnervereins Naturheilverein Leipzig III e.V. Dem Vereinsgebäude mit Bewirtschaftung war zu jenem Zeitpunkt schon seit Alter anzusehen, dennoch fanden wir einen guten Draht zum Wirt und fühlten uns recht wohl hier. Es war aber spürbar, dass die Schankwirtschaften nicht mehr so gut frequentiert waren wie in den 1980er Jahren. Kein Wunder, denn das Bier kostete ab 1. Juli 1990 keine 40 bzw. 43 (Ost-)Pfennige mehr.

Immerhin schaffte ich es, in all den Skatjahren dreimal das Championat zu gewinnen, viermal Vizemeister und dreimal Drittplatzierter zu werden. Nicht nur Können ist beim Skatspiel ausschlaggebend, man musste natürlich spielbare zehn Karten aufnehmen, um mitbieten zu können, und Glück haben, dass einen der Skat mit seinen zwei Karten nicht im Stich ließ.

Aus Gründen der beruflichen „Umorientierungen" dezimierte sich die Anzahl der Mitspieler nach 1989 schrittweise, so dass wir zuletzt nur noch an einem Tisch spielten. Leider sollte 1993 schließlich das allerletzte Jahr des Skat-Clubs werden. Und wieder ging eine Ära zu Ende.

SILVESTERRAKETE IM FENSTERROLLO DES WOHNZIMMERS AUSGEBREMST

Der letzte Tag des Jahres hat seit jeher eine besondere Bedeutung. Es wird Bilanz gezogen über die 365 oder 366 verflossenen Tage, es gibt spezifische kulinarische Schmeckerchen in den Familien und das alte Jahr wird verabschiedet sowie das neue mit ohrenbetäubendem Lärm begrüßt. Eine Tradition, die wohl böse Geister in Schach halten soll.

Es wurde in der DDR so gehandhabt, dass die ganze Palette der Knallkörper nur an den letzten drei Tagen im Dezember offiziell verkauft werden durfte. Da standen die Enthusiasten schon mal einige Stunden an den Läden in der Schlange. Als Jugendlicher in den Sturm-und-Drang-Zeiten hatte ich das Glück, mich nicht einreihen zu müssen, da meine Mutti beim VEB Möbel, Kulturwaren, Sport-, Fest- und Scherzartikel, der diese gefragten Erzeugnisse verkaufte, arbeitete und an diesen drei Tagen in der Verkaufsstelle in der Innenstadt (Ecke Klostergasse, Barfußgäßchen) mit aushalf. Da bekam ich meine Tüte über den Personaleingang. Darin waren nicht nur Knallerbsen. Ab und zu waren auch schon recht seltene Kanonenschläge darunter, die nur auf den Metallabdeckungen der Abwasserschächte zu zünden waren.

Wieder war ein Jahr gelaufen und der Wechsel nach 1982 war nur noch ein paar Stunden entfernt. Auf der Lützner Straße war es am frühen Abend noch recht sittsam. Übrigens durfte offiziell nur zwischen Silvester 16 Uhr und Neujahr 8 Uhr geknallt werden. Aber bereits seit dem 29. Dezember rumste es in steter Regelmäßigkeit aus allen Himmelsrichtungen.

Es war gegen 20 Uhr, als mal wieder ein Trupp von Knallwütigen die Lützner Straße entlang kam. Meine Eltern und ich saßen im Wohnzimmer und wir ließen uns vom Fernsehprogramm berieseln. Urplötzlich erhob sich ein Getöse, als ob ein Düsenflugzeug zur Landung in der Stube ansetzte, und sich das linke Fenster an der Giebelseite dafür ausgesucht hatte. Es krachte, Glas splitterte und ein zischendes und funkelnden Ungeheuer begann sich, abrupt seiner Geschwindigkeit beraubt, im heruntergezogenen Fensterrollo auszutoben. Gott sei Dank, dass das Rollo heruntergelassen war. Nicht auszudenken, welches Ungemach die Rakete bei ihrem Zick-Zack-Flug durchs Wohnzimmer hätte anrichten können.

Irgendwann hatte die Rakete ihren Treibstoff aufgebraucht und wir trauten uns näher heran. Durch den Pulverdampf stank es enorm und der Qualm beeinträchtigte die Sicht. Als der sich verzogen hatte, betrachteten wir die „Arbeitserfolge“ unseres Überraschungsgastes. Die Scheiben des Doppelfensters waren durchschlagen. Zum Glück waren neben den Einschlagslöchern nur wenige Glasausbrüche, so dass wir diese Stellen provisorisch abdichten konnten. Auf der Holzfensterbank waren Schmauchspuren zu sehen und auch an der Tapete unterhalb des Fensters hatte der Feuerschweif für schwarze Spuren gesorgt. Die ganze Wucht des Kampfes hatte das Rollo abgehalten. So sah es auch aus, nur noch Schrott.

Dieser Jahreswechsel 1981/82 hat sich mir buchstäblich ins „Oberstübchen“ eingebrannt. Er ist noch glimpflich abgelaufen, zeigte aber wieder, wie unberechenbar Silvesterraketen und Co. werden können, je nachdem, wer damit hantiert.

WUNSCHTRAUM EINES JEDEN AUTOBESITZERS – EINE GARAGE

Während meines Studiums in der zweiten Hälfte der 1970er Jahre in Cottbus meldeten mich meine Eltern zur Fahrschule in der Zentrale am Johannisplatz an. Damals dauerte es Jahre, bis man endlich an der Reihe war. Die Zeitspanne war gut gewählt. Als ich wieder in Leipzig war, machte ich meine Fahrschule im Winter 1979/80. Trotzdem sah ich nach der bestandenen Prüfung keinen Grund, mir mit aller Macht einen fahrbaren Untersatz zuzulegen. Es gab ja Straßenbahnen sowie Busse und das Zugfahren hatte ich jahrelang während der Armee- und Studienzeit praktiziert. Außerdem bezahlte man für einen Gebrauchtwagen, je nach Typ, oft mehr als für einen neuen PKW, auf den man ewig per Anmeldung zu warten hatte.

Eines Skatabends 1983 fragte mich aus der Runde Andreas Kleinert, der Leiter der Transportabteilung beim VEB Bodenbearbeitungsgeräte Leipzig (BBG) war, ob ich Interesse an seinem Skoda MB 1000, Baujahr 1967, hätte. Ich bat um Bedenkzeit, beratschlagte mich mit meinen Eltern und sagte ihm schließlich zu. Nun stand das gute Stück unter der Straßenlaterne in Leutzsch. Oftmals stand ich vor dem leidlichen, allseits bekannten Problem: Wo finde ich einen Parkplatz. Auch ich sinnierte darüber nach, wie praktisch doch eine eigene Garage wäre.

Anfang 1985 gab mir mein damaliger Schwiegervater, der als Diplom-Ingenieur in der Konstruktion beim VEB BBG Leipzig arbeitete, den Tipp, dass in der Garagenanlage in der Wiprechtstraße jemand seine Garage abgebe. Schleunigst setzte ich mich mit diesem in Verbindung und wir wurden uns handelseinig. In der Garage war Strom vorhanden, aber die Anlage verfügte über keinen Wasseranschluss. Wichtig war aber, ein Dach über dem Auto.

Der Skoda war schon ein schnittiges Geschoss, aber mit Ersatzteilen wurde es immer komplizierter. Und nur für das Benötigte in die ČSSR zu reisen, bei dem begrenzten Umtausch in Kronen, war witzlos. Gute Bekannte in einem kleinen Dorf zwischen Greifswald und Wolgast boten mir 1985 einen mit neuen Sitzen und zweifarbiger Lackierung aufgepeppten Trabant 601 an, Baujahr 1966, der sich als Garagenwagen in einem recht ordentlichen und rostfreien Zustand befand. So stieg ich vom Vier- auf den Zweitakter um.

Als ich 1986 meinen Wohnsitz nach Schönefeld verlegte, „entfernte" sich zwangsläufig die Garage. Ich stöberte im Annoncenteil der Leipziger Volkszeitung, bis ich 1987 auf eine Anzeige stieß. Ein Paunsdorfer, der nach Grünau gezogen war, suchte natürlich in seiner Nähe eine Unterstellmöglichkeit. Das passte, zehn Minuten mit dem Fahrrad zur neuen Garage, und so kam es zum Tausch. Dabei bin ich wirklich gut gefahren, denn die Anfang der 1970er Jahre entstandene Anlage mit 121 Garagen am Verkehrsknoten Permoser-/Hohenti-

Skoda MB 1000 auf dem Hof Lützner Straße 86, 1985

chelnstraße verfügt neben Strom auch über Wasseranschluss, eine Rampe und Kompressor etc. Außerdem ist das Gelände seit Mitte der 1990er Jahre Eigentum der Garagengemeinschaft. Dies muss der Stadtverwaltung Leipzig in den 2000er Jahren entgangen sein, als ein Entwurf zur Begradigung der Hohentichelnstraße bei der Anbindung an die Permoserstraße auftauchte. In kühnem Schwung wurde auf dem Lageplan rund ein Drittel der Garagen für die geplante Straßenführung wegrasiert. Schnell verschwanden die Unterlagen in der Schublade.

IN EINEM LINDENAUER ARCHITEKTURBÜRO

Im Laufe des Jahres 1992 wurde es offiziell, dass ich nach rund zehn Jahren abwechslungsreicher Tätigkeit im Bereich Technik, Bau- und Reparaturabteilung des VEB Maschinenbauhandel Leipzig, ab dem 1. Juli 1990 Leipziger Handelsgesellschaft für Industrie und Gewerbe (LHG) mbH, mich selbst bis zum Jahresende „abzuwickeln“ habe. Nach dem bundesrepublikanischen Verständnis benötigt ein Handelsbetrieb keine sogenannten Querschnittsabteilungen und einen Bauableger gleich gar nicht. So hatten es die neuen Herren aus Osnabrück verfügt. Deshalb suchte ich im zweiten Halbjahr eine Anstellung in der boomenden Baubranche in Leipzig und stieß bei den Recherchen auf die Annonce des Büros, das im Erdgeschoss der Lützner Straße 34, also unweit der Wohnung meiner Eltern, ansässig war. Neben einem gesicherten Broterwerb für die Familie war es mir auch wichtig, regelmäßig nach meinen Eltern zu schauen, um ihnen behilflich sein zu können.

Zum 1. Januar 1993 trat ich meinen Dienst in diesem Architekturbüro an. Der Chef, Gert W. Koeppel, hatte seinen Stammsitz in Dietzenbach in Hessen. Er war, wie er erzählte, in Leipzig geboren, wird aber sicher, wie viele, als junger Mensch vor 1961 dem Ruf „go west“ gefolgt sein. Als einen recht emsigen, jedoch auch unnahbaren und nicht gerade angenehmen Zeitgenossen habe ich ihn in Erinnerung. Fast jeden Tag konferierte er mit Creditreform Leipzig KG, Wirtschaftsauskunft, Inkasso, Marketing. Zu meinen Aufgaben gehörten die Bauvorbereitung, Bauleitung und Abrechnung der Leistungen der Gewerke. Mit der Zeit merkte ich, welches Geschäftsgebaren er an den Tag legte. Im Hessischen arbeitete er mit einer Baufirma zusammen, deren Chef ein Serbe war und deren Handwerker aus den ehemaligen jugoslawischen Teilrepubliken stammten.

Diese Firma übernahm in seinem Auftrag jetzt auch Vorhaben in den neuen Bundesländern. Das größte Projekt, an dem ich bei meiner nur neunmonatigen Tätigkeit für das Büro beteiligt war, war die Errichtung einer Eigenheimsiedlung in Rampitz kurz hinter der Landesgrenze zu Sachsen-Anhalt. Parallel dazu ließ er das Vordergebäude einschließlich der Nebengelasse in der Demmeringstraße 63 komplett sanieren, u.a. mit Fußbodenheizung im Wohnhaus.

Die Knuthstraße 10 in Knauthain war ein weiteres Sanierungsobjekt. In diesem war die postjugoslawische Bautruppe im Einsatz. Und es sollte problematisch werden. Während sie in der Fremde ihrem Tagwerk nachgingen, tobte in deren Heimat der Balkankrieg mit den größten Massakern in Europa nach dem Zweiten Weltkrieg. Es war nur eine Frage der Zeit, dass es in der Bautruppe rumorte. Und so übertrug sich die Eskalation in Südosteuropa auch ins idyllisch gelegene Knauthain an der Peripherie Leipzigs und es kam zu erbitterten Handgreiflichkeiten. Die Verständigung mit den hitzigen Leuten war auch eingeschränkt und so entschied ich mich, nachdem ich mich um eine andere Beschäftigung gekümmert hatte, mir das nicht weiter anzutun, und quittierte meinen Dienst in diesem Architekturbüro.

ZWISCHENZEITLICHE RÜCKKEHR NACH LINDENAU

Im Leben geht es zu wie auf den Wellen der Ozeane. Mal befindet man sich auf dem Wellenberg und man meint, man habe eine durch nichts zu bremsende Rundumsicht. Ein anderes Mal jedoch steckt man im Wellental, umringt von unbezwingbaren Barrieren. Dieses Gefühl hat wohl jeder schon einmal durchlebt. Nach fast 14 Jahren in Schönefeld trennten sich meine erste Frau und ich Mitte Dezember 1999 voneinander und ich suchte mir eine neue Bleibe im Leipziger Westen, die fußläufig zu meinen Eltern gut zu erreichen war.

Zuerst schaute ich mir eine kleine Erdgeschosswohnung in der Karl-Heine-Straße 74 an. Der Zuschnitt war jedoch nicht optimal und heute bin ich froh, dass ich dort nicht eingezogen bin. Das Eckgebäude ist, sobald die Temperatur nur ein paar Grade über Null steigt, ein „Hot-Spot" im Kiez mit entsprechendem Begängnis bis mitten in die Nacht hinein.

Die zweite Wohnung war auch klein, hatte aber getrennte Wohn- und Schlafräume. So zog ich in die Mitte des 3. Obergeschosses der Lützner Straße 113

Lützner Straße 113, 2006

Hofblick zur Jordanstraße 7, 2000

mit der interessanten Gestaltung der östlichen Giebelfassade ein. Und der große Vorteil war, dass meine Eltern um die Ecke herum in der Jordanstraße 7 wohnten. Wir konnten uns über den gemeinsamen Innenhof des architektonisch zusammengehörigen Komplexes von drei Gebäuden (sowie Jordanstraße 9) zuwinken und auch kurz verständigen.

In jener Zeit um die Jahrtausendwende war ich arbeitssuchend, nachdem der große Bauboom in den 1990er Jahren abebbte, weil am Ende des Jahrzehnts viele Sonderabschreibungen bei Vorhaben ausliefen und die Bauaufträge in der Menge und im Umfang erheblich schrumpften. So blieb mir auch nur die Suche nach etwas Neuem analog der Wohnung.

Die freie Zeit, die ich nun unfreiwillig besaß, nutzte ich ausgiebig, um mich in meiner alten Heimat Lindenau umzuschauen. Über 20 Jahre waren inzwischen vergangen, seit ich in Leutzsch meine erste eigene Wohnung bezogen hatte. Da interessierten mich natürlich die Veränderungen, die sich in diesem Zeitfenster offensichtlich vollzogen hatten.

Zuerst lenkte ich meine Schritte u. a. zum Haus, in dem ich vor allem meine Kindheit verbracht hatte. Der erste Eindruck von der Straße her war ernüchternd: Leerstand, Rudimente von Antennen auf dem Dach, zerborstene Fensterscheiben, ruinös. Über der Toreinfahrt befand sich unser Wohnzimmer. Ein Fensterflügel des linken Fensters stand offen und bewegte sich je nach Luftzug nach innen und dann nach außen. Die Tordurchfahrt mit den beiden Torflügeln war „verriegelt und verrammelt". Ich kam nicht auf den Hof. Die frühere Gebäudelücke zwischen Lützner Straße 86 und der Nr. 80 war inzwischen mit einem Neubau komplett geschlossen. Der Komplex hat eine Durchfahrt und durch diese gelangte ich in den Innenbereich und konnte mir meinen alten Hof betrachten.

Es sah entsetzlich aus. Unter dem alten Schleppdach der Firma Bitter & Franz stand ein schrottreifer PKW, die Hoffläche sah wüst aus und die Natur ergriff allmählich wieder Besitz an dem Ganzen. Hier half nur noch ein Totalabbruch, was später auch geschah. Mit Wehmut dachte ich noch an meine geliebte Eisenbahnplatte, die auf dem Trockenboden in einer Ecke an der Wand lehnte. Alles Vergangenheit.

Lützner Straße 86, Wohnzimmerfenster über der Tordurchfahrt, 1998, Demontage der Balkone, 1992

Im Jahr 2000 konnte ich mich recht intensiv um meine Eltern kümmern. Mir wurde so richtig bewusst, dass mein Vater inzwischen fast die 80 erreicht hatte, gesundheitlich nicht mehr so agil war und täglich ein beachtliches Sortiment an Tabletten schlucken musste. Als erste Reaktion darauf beschloss ich, den Part meines Vaters bei Einkäufen gemeinsam mit meiner Mutti zu übernehmen. Unsere Ziele waren zumeist der KONSUM im mittlerweile auch neu entstandenen „Lindenau-Forum" gegenüber dem Busbahnhof oder die Einkaufspassage am Knoten Lützner Straße/Merseburger Straße, u.a. mit ALDI. Mittwochs oder freitags besuchten wir die Obst- und Gemüsehändler auf dem Lindenauer Markt.

In diesem Jahr 2000, nunmehr mit 46 Jahren, dachte ich erstmals intensiv über mein eigenes gesundheitliches Wohlbefinden in der Zukunft nach, denn im zurückliegenden Jahrzehnt hatte ich kaum Rücksicht auf mich genommen. Familie mit zwei Kindern, die Schwiegermutter sowie die berufliche Absicherung wogen schwerer und meine Eltern waren im gesamten Verlauf eher nur das fünfte Rad am Wagen gewesen. Deshalb nagte das Gewissen in mir.

Mit meiner Mutti drehte ich fast täglich eine Runde durch Lindenau. Besonders gern gingen wir auf dem neu angelegten Fuß- und Radweg parallel zum Karl-Heine-Kanal. Zu dieser Wasserader hatte sie eine ganz eigene Bindung, denn als Kind wohnte sie nämlich in der Merseburger Straße 2 und blickte aus dem 4. Obergeschoss sowohl auf den Kanal als auch auf die bekannte Großdarstellung der „Persil-Frau" auf dem Giebel des jenseits des Kanals gelegenen Gebäudes. Wir durchstreiften die Straßen und sinnierten an so mancher Stelle, welches Geschäft hier früher einmal angesiedelt war. Zu einem richtigen Ritual wurde unser Sonntagnachmittag-Spaziergang, wenn es nicht gerade regnete. Dieser führte uns von der Jordanstraße in die Lützner Straße, weiter in die Engertstraße sowie die Endersstraße und über die Henriettenstraße zurück zur Jordanstraße.

Es gibt im Leben schon manchmal seltsame Konstellationen. Beim Passieren der Endersstraße kamen wir auch an der Nr. 67 vorbei, in der bis Anfang der 1980er Jahre meine zweite Frau lebte. Nur, im Jahr 2000 wussten wir nichts voneinander, erst sieben Jahre später lernten wir uns kennen.

In dem großen Gebäude der Jordanstraße 1, in dem die Firma Megaron residiert, hatte bis 1990 der VEB Maschinenbauhandel Leipzig seine Abteilung Vorrichtungen. Während meiner Tätigkeit in der Bau- und Reparaturabteilung des Betriebes war ich für die Vorbereitung und Planung von Baumaßnahmen verantwortlich und mehrfach hier ab 1982 vor Ort.

Nach den Wohnhäusern Jordanstraße 3 und 5 führt eine Zufahrt in den Hinterhauskomplex 5 a, in dem früher der gefragte Vergaserdienst ansässig war, in dem mein Skatfreund Peter Wolf arbeitete. Seit über 20 Jahren hat in diesen Räumen die Leipziger Tafel einen ebenso sehr großen Kundenkreis – leider nur aus ganz anderen Beweggründen. Neben der Zufahrt ist noch eine Eingangspforte, die aber schon zum Nachbargrundstück Nr. 7 a gehört – ehemals ein Kindergarten, in den meine zweite Frau ihre jüngere Schwester sehr oft bringen musste. Seit 2000 hat sich eine recht vermögende osteuropäische Dame dieses Gebäude als ihr Anwesen herrichten lassen. Beim Ausbau des Palastes waren nur Baufahrzeuge mit ausländischen Kfz-Kennzeichen zu sehen und von den Bauarbeitern waren keine deutschen Wortfetzen zu vernehmen. Beiderseits der Eingangspforte stehen aufgemauerte Säulen, die jeweils eine Löwenskulptur ziert. Nobel, nobel. Keine zehn Schritte weiter und meine Mutti und ich hatten den Ausgangspunkt unseres gemütlichen Spaziergangs zu sonntagnachmittäglicher Stunde erreicht.

Auch solo begab ich mich auf Erkundung durch die alte Heimat. Einiges war seit 1990 neu entstanden, manches noch nicht vollendet, wie die Erdgeschosszone des Neubaus in der Engertstraße 9 und 9 a, in der Geschäfte entstehen sollten. Viel alte Bausubstanz sah jedoch erbärmlich aus.

Blick von der Jordanstraße 7 a über die Engertstraße, die Bahntrasse zum Busbahnhof Lindenau, 2000

Das war nicht mehr „mein" Lindenau, so wie ich es kannte. Lange überlegte ich hin und her, ob es unter diesen Umständen überhaupt sinnvoll ist, in Zukunft hier zu bleiben.

In der Zeit, in der ich in Schönefeld lebte, hatte ich zahlreiche gute Kontakte, u.a. zum Bürgerverein Schönefeld, in dem ich mehrere Jahre die Arbeitsgruppe Stadtteilgeschichte leitete, und zum Chef der Spedition Gebauer, einer Firma für Umzüge. Er war übrigens der Erste, der in den 1980er Jahren in Schönefeld einen Lada Niva chauffierte. So beschloss ich 2001, wieder in den Nordosten Leipzigs umzusiedeln, jedoch mit der Maßgabe, meine Eltern mitzunehmen und ihnen eine eigene Wohnung zu verschaffen. Im Mai 2001 bezog ich im Neubaugebiet Schönefeld-Ost eine sanierte 2-Raum-Wohnung im Erdgeschoss des Seipelweges 16.

Meinem Vermieter hatte ich signalisiert, dass ich Interesse an einer weiteren 2-Raum-Wohnung habe. Die ständigen Vorsprachen waren schließlich von Erfolg gekrönt und 2002 zogen meine Eltern in eine frisch sanierte Wohnung im Erdgeschoss in der Löbauer Straße 79 ein.

Und das Umfeld ist richtig altersgerecht: Grünflächen und Bänke zwischen den Wohnblöcken, zahlreiche Einkaufsmöglichkeiten, Arztpraxen, Gaststätten, ein Sparkassen-Terminal und sogar eine Postfiliale im nahen Zentrum, dem „Sonnenwall". Außerdem zwei Buslinien fast vor der Haustür. Was will man mehr. So hatte ich meine Eltern wieder in der Nähe mit zehn Minuten Fußweg zu ihnen. Am Tag des Umzugs der Eltern holte ich meinen Vater früh aus der alten Wohnung ab, verfrachtete ihn in meine Wohnung und brachte ihn am Abend in seine neue Wohnung.

Ausschlaggebend für den Umzug der Eltern war, dass mein Vater als er 1998 ins Krankenhaus musste, nur liegend transportiert werden konnte, das Treppenhaus in der Jordanstraße 7 aber zu schmal war, so dass er auf der Trage von der Feuerwehr nur durch das Treppenhausfenster geschoben werden konnte, um ihn nach unten zum Krankenfahrzeug zu bringen. Das war die Attraktion in der Straße und noch lange ein Gesprächsthema in Lindenau.

Als meine heutige Frau 2004 von ihrer ersten gescheiterten Ehe aus Thüringen nach Leipzig zurückkehrte und sich ihre Heimat ansah, sprach sie mit einem Postboten, der ihr u.a. auch von diesem besonderen Ereignis berichtete.

AUF DEM KARL-ENDERS-SPORTPARK

An der Demmeringstraße gegenüber der Poliklinik West befindet sich seit über einem Jahrhundert der Sportplatz der Spielvereinigung 1899 Leipzig e.V., der unmittelbar neben der Kleingartenanlage „Westendgärten" liegt und mit hohen Fangnetzen gesichert ist, damit der Ball nicht in den Beeten der Parzellen zur Verzweiflung der Kleingärtner einschlägt.

Von Mitte der 1970er bis Mitte der 1980er Jahre ging ich oft zu den Spielen der seinerzeit hier beheimateten Mannschaften der BSG Motor Lindenau und der BSG Fortschritt West, die in der Bezirksliga Leipzig (3. Liga im Fußballverband der DDR) kickten. 1990 fusionierten beide Teams zum heutigen Verein. Damals handhabte ich es so, dass ich mit Beginn der zweiten Halbzeit kam, denn da war das Kassenhäuschen nicht mehr besetzt.

In den Jahren 2000 und 2001, als ich ein kurzes Zwischenintermezzo in Lindenau gab, erinnerte ich mich dieser Freizeitbeschäftigung und lenkte meine Schritte an die Ecke Saalfelder Straße zur Demmeringstraße. Hier ist der Zugang zum Sportpark und gleich dahinter rechts der aufgeschüttete Damm, auf dem die Zuschauer sich am Spiel ergötzen.

Karl-Enders-Sportpark, 2022

Das Flair muss man ruhig mal erlebt haben. Durch die Nähe zum Spielfeld, es gibt keine Aschenbahn, hört man jedes Geräusch und die Kommunikation von Zuschauern in Richtung Rasen ist oft sehr direkt. Da werden gezielt Anfeuerungsrufe für einzelne Spieler laut oder Missfallensbekundungen. Mancher schreckt auch nicht davor zurück, bei Entscheidungen des Schiedsrichters voll seinen Unmut zum Ausdruck zu bringen. Da gibt´s dann Diskussionen zwischen Damm und Spielfeld. Ab und zu fallen auch ein paar Kraftausdrücke und mancher Sportfreund ist der Meinung, den Ball eher im Tor untergebracht zu haben als der Spieler auf dem Platz, oder dass der Torwart im Schlaf wandele.

Grinsend habe ich mich, wenn die Partie schon entschieden war, ein paar Minuten vor dem Abpfiff von dannen geschlichen.

POLIKLINIK WEST

War ich zum Ende der 1960er Jahre erkrankt oder ich musste geimpft werden, dann hieß es, die Poliklinik West anzusteuern. Sie lag zentral, gegenüber dem Busbahnhof Lindenau, direkt an der Straßenbahnhaltestelle Saalfelder Straße. Ein Zugang war auch von der Demmeringstraße her möglich. Ein Gebäudeteil der Klinik war direkt für die Kinder geplant worden. Während der Lehre Anfang der 1970er Jahre musste ich einmal die Klinik aufsuchen, weil mich während des Aufmauerns einer Wand ein Insekt gestochen hatte und meine Hand wie ein Ballon anschwoll. Diese Einrichtung nutzten auch meine Eltern.

Nach rund einem Viertel Jahrhundert, Anfang 2000, sah ich während eines Spaziergangs durch Lindenau, dass die Poliklinik West gähnende Leere und offene Fenster aufwies. Also auch abgewickelt, dachte ich so bei mir.

Ein paar Monate danach sorgte das Objekt plötzlich für Aufsehen. Kinder hatten das Kellergeschoss als Spielplatz entdeckt und sind dabei auf alte Patientenakten gestoßen. Sie beließen die Dokumente jedoch nicht vor Ort, sondern nahmen sie mit. Kurze Zeit später wirbelten einige Aktenblätter herum oder lagen auf den Wegen. Einige Kinder müssen wohl Unterlagen mit nach Hause genommen haben und die Eltern bekamen davon Wind. Diese schlugen daraufhin Alarm. So kam eine Lawine ins Rollen, die letztendlich dafür sorgte, dass der Gebäudekomplex in erstaunlich kurzer Frist komplett abgebrochen wurde.

KARL-HEINE-PLATZ (KNOCHENPLATZ)

Besuchte ich meinen Freund Henry Grünwald, wählte ich von der Lützner Straße her kommend im Hellen den Weg über die Aurelienstraße zum Karl-Heine-Platz, von den Alteingesessenen nur Knochenplatz genannt. Im Dunklen machte ich lieber einen großen Bogen. An der Ecke zur Karl-Heine-Straße befand sich einst eine öffentliche Bedürfnisanstalt, eine unansehnliche Stahlblechkonstruktion. Dubiose, schemenhafte Gestalten tummelten sich an dieser Stelle. Der ehemalige Friedhof wurde im letzten Jahrzehnt des 19. Jahrhunderts zu einem Schmuckplatz umgestaltet, mit einem öffentlichen Volksbrausebad. Das Gebäude an der Westseite des Platzes nutzte in der DDR die Nationale Front, ein Zusammenschluss von Parteien und Massenorganisationen und dafür zuständig, Wahlen organisatorisch und ideologisch vorzubereiten.

Der Platz erfuhr eine spürbare Aufwertung. 2020 entstand ein wahres Spielplatzidyll für alle Altersgruppen auf der östlichen Platzseite. Auf der westlichen können sich auch Erwachsene an den Tischtennisplatten versuchen. Ein Platz für die ganze Familie. In der Mitte des Platzes befindet sich die Plastik „Musikkapelle" von Hartmut Klopsch.

Am Eingang zum Platz an der Karl-Heine-Straße setzten die Wasserwerke Leipzig 2020 den „Sprudelstein", einen öffentlich nutzbaren Trinkbrunnen. Dies wurde bei der jährlichen Ausschreibung für die Installation zweier neuer Brunnen in der Stadt möglich und für diesen Standort gab es ausreichend viele Stimmen. Gleich daneben ist ein Bratwurststand, der gut angenommen wird.

Mit meiner Mutti, die seit 2012 im „Seniorenhof Plagwitz" lebt, bin ich anfangs bei schönem Wetter die nicht allzu weite Distanz zu Fuß gegangen. In den letzten Jahren jedoch lenkte ich den Rollstuhl mit ihr regelmäßig in den Park, damit sie den quirligen Kindern beim Buddeln, Schaukeln und Springen zuschauen kann. Da leben ihre Augen förmlich auf.

FERNSPRECHAMT UND DAS DÖRFCHEN

Eine leicht zu übersehende Straße in Lindenau erstreckt sich versteckt rund 100 Meter ab der Josephstraße, biegt im 90°-Winkel nach rechts ab und mündet nach ca. 80 Metern in die Endersstraße, an der linken Ecke mit dem ehemaligen

Café Pfützner und an der rechten mit dem früheren Postamt W 33, eingerahmt von einem kleinen Platz mit einem Apelstein.

2010 kehrte ich in die westliche Hemisphäre von Leipzig, nach Plagwitz, dem Nachbarstadtteil Lindenaus, in das Neubauquartier an der Alten Straße hinter dem damaligen Postgebäude W 31 zurück. Mindestens einmal in der Woche lenken meine Frau und ich unsere Schritte in die nahe Heimat, auch in ehrenamtlicher Mission. Oft wählen wir die Josephstraße und gelangen zwangsläufig an den Abzweig der versteckten Schadowstraße, die 1913 nach dem Bildhauer, Maler und Graphiker Johann Gottfried Schadow benannt wurde, der 1793 die Quadriga auf dem Brandenburger Tor in Berlin schuf.

Schon als Kind machte die Straße einen anheimelnden Eindruck auf mich. Befand ich mich hier, war der Lärm von Lützner, Enders- und Josephstraße weit entfernt, wie auf einer Dorfstraße. Dafür war ein ungewöhnliches Rattern und Klicken aus dem großen Gebäude Schadowstraße 10 zu hören, wenn bei

Ehemaliges Fernsprechamt, Schadowstraße 10, 2022

warmem Wetter die Fenster offen standen. Die Geräusche, so erklärte mir mein Vater, werden von Relais erzeugt, wenn Telefonverbindungen hergestellt werden. Mal ratterte und klickte es unentwegt, mal war es fast still und ein anderes Mal klang es rhythmisch, wie eine Melodie.

Im ersten Jahrzehnt des 20. Jahrhunderts wurde das Post- und Telegrafenamt errichtet. Über dem zweiflügeligen Eingangstor ist der Schriftzug „Fernsprechamt“ erhalten geblieben. Das Gebäude dient nicht mehr als Fernsprechamt. Eine Genossenschaftsgruppe hat es in Erbpacht genommen und kontinuierlich zu Wohnräumen ausgebaut, den Schadowlofts.

Ganz gefesselt war ich als kleiner Junge von der Anlage des „Dörfchens“, einer zweigeschossigen Reihenhaus-Wohnsiedlung mit Zugangstreppe, Stützmauer und kleinem begrünten Innenhof, um den sich die 11 Häuschen an der Südwestecke der Schadowstraße mit den Hausnummern 6 bis 6 k gruppieren. Das Ensemble steht unter Denkmalschutz und ist einmalig in Lindenau.

Vom ehemaligen Postamt W 33 aus ist überhaupt nicht zu erahnen, welch idyllische Rarität sich ein paar Schritte weiter um die Ecke herum verbirgt. Sitzt man hier, findet man innere Ruhe.

Das „Dörfchen“, Schadowstraße 6–6 k, steht auf der Denkmalliste des Freistaates Sachsen, 2004

DIE TELEFONZELLE LÜTZNER STRASSE 74/76

Tatsächlich steht sie noch, die Telefonzelle auf dem breiten Fußweg vor den Wohnhäusern Lützner Straße 74 und 76 gegenüber der Einmündung der Guts-Muthsstraße in die Lützner Straße. Das ist im 21. Jahrhundert allmählich ein Relikt, denn so viele mussten im gesamten Stadtgebiet schon weichen.

Schon in den 1960er Jahren als Knirps war mir diese gelbe „Box“ wohlbekannt und ein Orientierungspunkt. Auch meine Eltern waren in der bedauerlichen Lage, keinen Telefonapparat in der Wohnung zu haben. Deshalb musste man zu notwendigen Anrufen das Haus verlassen und rund 100 Meter von der Lützner Straße 86 zum Münzfernsprecher laufen und hoffen, die Telefonzelle ohne Umschweife betreten zu können. Das geschah jedoch selten, es sei denn, es war nach 20 Uhr. Bis zu diesem Zeitpunkt hatten viele Anwohner das gleiche Anliegen, telefonieren zu müssen oder zu wollen.

Hatte man zu warten, übte man sich in Geduld, je nachdem wie sich Petrus gerade gebärdete. Es kam schon vor, dass manche Zeitgenossen Endlosmonologe oder -dialoge führten, dann klopfte der draußen Wartende an die Glasscheibe und gab höflich zu verstehen, dass andere Leute auch einmal zum Zuge kommen wollen. Es galt allgemein der Grundsatz „Fasse dich kurz“.

War man dann in der Telefonzelle drin, kramte man die vorsortierten Münzen hervor und warf sie in den gefräßigen Schlund des Apparates ein, bis ein Freizeichen ertönte. Mittels der Wählscheibe wurde die betreffende Rufnummer eingegeben. Hatte man Pech, hörte man am anderen Ende der Leitung ein Besetztzeichen. Also Wiederholung des Ganzen.

Manchmal brauchte es mehrere Anläufe und der wählende Finger glühte schon oder man hatte eine Ausweichtelefonnummer. Besorgt schaute man instinktiv beim Gespräch hinterrücks durch die Glasscheibe, ob nicht ein Nachfolger bereits von einem Bein auf das andere hüpfte und womöglich

Telefonzelle an der Lützner Straße, 2022

grimmig dreinschaute. Im Vergleich zur heutigen Zeit beschleunigte dies die Telefonate ungemein nach obigem Grundsatz.

Zu Ehren des 20. Jahrestages der DDR 1969 wurde das Volk mit der Herausgabe einer 20-Pfennig-Münze beglückt, die aus der standardmäßigen Emission der gängigen Aluminium-Münzen von einem Pfennig bis zwei (Ost-)Mark optisch herausfiel. Um diese neue Errungenschaft nutzen zu können, staffierte die Deutsche Post auch die Telefonzelle in der Lützner Straße mit einem neuen Münzfernsprechapparat aus, in den dann u. a. das neue 20-Pfennig-Geldstück passte.

Wie meine Eltern sollte ich in den folgenden rund 20 Jahren das gleiche Konditionstraining absolvieren, wenn ein Telefonat erforderlich war. In der zweiten Hälfte des letzten Jahrhunderts nutzte man jedoch noch eine Alternative zum Telefonieren, die heute ein bedauerliches Mauerblümchendasein fristet: Man schrieb noch Briefe, Post- und Ansichtskarten.

Die Telefonzelle erinnert mich jedes Mal an das Lindenau der zurückliegenden Jahrzehnte in der Hoffnung, sie möge auch noch weitere Jahrzehnte diese Stelle in der Lützner Straße zieren.

Nachsatz kurz vor Drucklegung: Auch die Telefonzelle ist nun Geschichte.

Lützner Straße, 2004

BILDNACHWEIS

Archiv Lothar Kurth: 7, 8, 9, 10, 11, 12, 13, 15, 17, 22, 28, 29, 30, 61, 70, 71, 76r., 95, 98 (Abbildung aus der Bedienungsanleitung, 1980), 133, 143, 147, 152

Archiv Pro Leipzig: Bezug, 20/21, 26, 32, 39 (Sammlung Bernd Rederer), 40 (Sammlung Wilfried Grylla), 43 (Sammlung Bernd Rederer), 55 (Sammlung M. Preiß), 56, 62 (Sammlung Liane & Klaus-Bernd Wunderlich), 75 und 76l. (Sammlung Wilfried Grylla), 78, 90, 91, 113 (Sammlung Wilfried Grylla), 125 (Sammlung Liane & Klaus-Bernd Wunderlich), 126 (Sammlung Bernd Rederer), 135

Konstanze Göbel/Pro Leipzig: 122u.

Harald Kirschner/Pro Leipzig: 122o

A. Krönert: 129o. (Ansichtskarte)

Lothar Kurth: 24, 34, 36, 45, 67, 68, 99, 110 (Repro), 111, 117, 127, 128, 129u., 130, 137, 146, 155r., 156, 158, 160, 163, 165

Museum Berlin GmbH, 21183.full: 46

Sportmuseum Leipzig: 106, 107, 108

Thomas Steinert/Pro Leipzig: 2, 50, 59, 92, 155l., 164, 166

Lothar Kurth: Lindenau. Erlebnisse in Kinder- und Jugendjahren
Hrsg. vom Pro Leipzig e. V.
Satz, Bildbearbeitung, Gestaltung und Herstellung: Dr. Thomas Nabert
ISBN: 978-3-949586-08-8